Especialmente para

Madre - Lela

Por

_____

Fecha

_____

De
CORAZÓN
—a—
CORAZÓN

Helen Steiner Rice

De
CORAZÓN
~a~
CORAZÓN

inspiración para la vida
CASA PROMESA
Una división de Barbour Publishing, Inc.

Impreso ISBN 978-1-61626-708-7

Ediciones eBook:
Edición Adobe Digital (.epub) 978-1-62029-030-9
Edición Kindle y MobiPocket (.prc) 978-1-62029-031-6

De Corazón a Corazón: Una Devoción Diaria
Compilado y editado por Virginia J. Ruehlmann. © 2006 por la
Fundación Helen Steiner Rice. Traducido al idioma Español por
Sonia Shepherd Flowers. Desarrollo editorial: Semantics, P.O.
Box 290186, Nashville TN 37229. Semantics01@comcast.net

Versión en Inglés previamente publicada por Gibson Greetings,
Inc. © GGI 1999. Todos los derechos reservados. Nuestra sincera
gratitud a Sra. Dorothy C. Lingg, Sarita Córdoba S.C., Edith
Louise Merhar S.C., por su valosa asistencia.

Todas las escrituras son tomadas de la Santa Biblia Nueva
Versión Internacional, todos los derechos reservados © 1999,
publicado por la Sociedad Bíblica Internacional, y son usadas
con permiso.

Publicado por Casa Promesa, P.O. Box 719, Uhrichsville, Ohio
44683 www.casapromesa.com

*Nuestra misión es publicar y distribuir productos inspiradores
que ofrezcan un valor extraordinario y apoyo bíblico a las masas.*

Member of the
Evangelical Christian
Publishers Association

Impreso en los Estados Unidos de América.

Hoy, Ayer y Mañana

today *after* *tomorrow*

Hay dos días por los cuales
nadie debería preocuparse,
y estos días son: el ayer y el mañana.

Así con sólo el día de hoy para afrontar,
las cargas se hacen más livianas
pues nadie resbala con la carga de hoy.

Es sólo cuando agregan ayeres y
mañanas a la carga que están llevando,
que el hoy se hace insuperable.

<small>HELEN STEINER RICE</small>

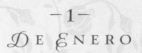

—1—
DE ENERO

¿Qué harás
con este día que es tan nuevo?
Ello lo escoges tú—
¡Dios te da ese privilegio!
HELEN STEINER RICE

Tú coronas el año con tus bondades.
SALMO 65:11

Hoy, acepta los retos y las posibilidades
del año que se avecina.
VJR

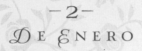

–2–
DE ENERO

No puedes encender una vela
Para mostrar a otros el camino
Sin sentir el calor
De la pequeña y brillante llama.
HELEN STEINER RICE

*La lúz se esparce sobre los justos
y la alegría sobre los rectos de corazón.*
SALMO 97:11

Hoy, recuerda la radiante iluminación
que puede ser esparcida por tan
sólo una pequeña llama.
VJR

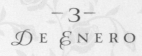

—3—
DE ENERO

Los juegos no pueden ser ganados
A no ser que sean jugados,
Y las oraciones no pueden ser respondidas
A no ser que sean rezadas.
HELEN STEINER RICE

El SEÑOR aborrece las ofrendas
de los malvados, pero se complace
en la oración de los justos.
PROVERBIOS 15:8

Hoy, reza con un corazón sincero.
Reza fervientemente y constantemente.
VJR

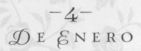

—4—
DE ENERO

Amamos el sonido de la risa
Y a los hacedores de alegrías,
Pero nuestros corazones
perderían su ternura
Si nunca derramaríamos una lágrima.
HELEN STEINER RICE

El que con lágrimas siembra,
con regocijo cosecha.
SALMO 126:5

Hoy, aprecia la importancia de ambas:
la risa y las lágrimas.
VJR

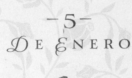

—5—
DE ENERO

Todos somos hijos de Dios,
Y Él nos ama a cada uno,
Y nos perdona completamente
Todas nuestras faltas.
HELEN STEINER RICE

Instruye al niño en el camino correcto
y aun en su vejez no lo abandonará.
PROVERBIOS 22:6

Hoy, repite: "Dios me ama y
Dios me perdona."
VJR

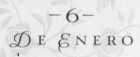

—6—
DE ENERO

Un problema es solo un reto
Para animarte a realizar
Lo mejor que Dios tiene para ofrecerte
¡Si solo tienes fe para creer!
HELEN STEINER RICE

El temor del SEÑOR es el
principio del conocimiento ...
PROVERBIOS 1:7

Hoy, con fe en tu corazón,
puedes enfrentar cualquier
problema que encuentres.
VJR

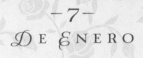

DE ENERO

Siempre hay dos lados opuestos,
Lo bueno y lo malo,
La obscuridad y la luz,
Lo triste y lo alegre.

HELEN STEINER RICE

El que madruga para el bien,
halla buena voluntad;
el que anda tras el mal, por
el mal será alcanzado.

PROVERBIOS 11:27

Hoy, mantén una mente amplia
en todas las cosas.

VJR

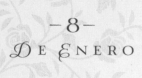

–8–
DE ENERO

Para de desear por cosas
Las cuales te quejas de no tener,
Y comienza haciendo lo mejor que puedas
Con todo lo que has obtenido.
HELEN STEINER RICE

Ante él expongo mis quejas,
Ante él expreso mis angustias.
SALMOS 142:2

Hoy, sé feliz con lo que tienes, no seas
descontento con lo que no tienes.
VJR

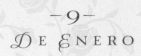

—9—
DE ENERO

Muéstranos que en la quietud
Podemos sentirnos cerca de Tu presencia,
Llenándonos de amor y paz
Durante todo el año.
HELEN STEINER RICE

Por eso dije: "No me lleves, Dios mío,
a la mitad de mi vida"; Tú permaneces
por todas las generaciones.
SALMOS 102:24

Hoy, pídele a Jesús el compartir tus
preocupaciones y confidencias.
VJR

—10—
DE ENERO

Muéstrame el camino, no la
fortuna ni la fama,
No para ganar laureles o
alabanzas por mi nombre ...
Pero muéstrame la forma de
difundir la gran historia
Que Tuyo es el reino, el poder y la gloria.
HELEN STEINER RICE

Te he visto en el santuario y he
contemplado tu poder y tu gloria.
SALMOS 63:2

Hoy, concéntrate en formas de difundir
las Buenas Nuevas.
VJR

—11—
De Enero

No hay día tan obscuro
Y no hay carga tan grande
Que Dios en su amor
No pueda penetrar.
HELEN STEINER RICE

No seas sabio en tu propia opinión;
más bien, téme al SEÑOR, y huye del mal.
PROVERBIOS 3:7

Hoy, cualquier cosa que ocurra, cualquier
peso que cargues en tu hombro,
mantente firme y confia en Dios.
VJR

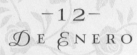

-12-
DE ENERO

Que Aquel que escucha nuestra oración
Te guarde en Su amoroso cuidado,
Y que sientas Su presencia cerca
Cada día durante todo el año venidero.
HELEN STEINER RICE

El SEÑOR está cerca de los
quebrantados de corazón,
y salva a los de espíritu abatido.
SALMOS 34:18

Hoy y cada día, siente la presencia de
Dios mientras lo buscas en los demás.
VJR

–13–
DE ENERO

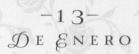

Ámense los unos a los otros
Y ayuda a aquellos en necesidad,
A pesar de su color,
Raza, iglesia o credo.
HELEN STEINER RICE

El odio es motivo de disensiones, pero
el amor cubre todas las faltas.
PROVERBIOS 10:12

Hoy, concéntrate en ayudar a los
demás y aprovecha cada oportunidad
para ofrecer ánimo y asistencia.
VJR

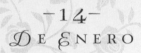

-14-
DE ENERO

Señor, no permitas que me distraiga,
No permitas que pierda mi camino,
No permitas que me canse de llevar
Mi carga día a día.
<small>HELEN STEINER RICE</small>

Te he quitado la carga de los hombros;
tus manos se han librado del pesado cesto.
En tu angustia me llamaste, y te libré ...
<small>SALMOS 81:6-7</small>

Hoy, con la ayuda de Dios, soporta
tus cargas y busca soluciones.
VJR

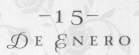

—15—
DE ENERO

No toma un nuevo año
Para empezar de nuevo,
Solo toma un profundo deseo
Para tratar con todo tu corazón.
HELEN STEINER RICE

Quita las escoria de la plata, y de allí
saldrá el material para un orfebre.
PROVERBIOS 25:4

Hoy, sigue tratando. Concéntrate en
pedirle a Dios ayuda en tus decisiones y no
confíes solamente en tu propia fortaleza.
VJR

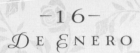

En este mundo cambiante,
Que el amor inmutable de Dios
Te envuelva desde el cielo
Y bendiga en abundancia cada día.
HELEN STEINER RICE

Pero yo, SEÑOR, te imploro en el
tiempo de tu buena voluntad.
Por tu gran amor, oh Dios, respóndeme,
por tu fidelidad, sálvame.
SALMOS 69:13

Hoy, quizás no entiendas por qué
estás enfrentando adversidad o
quizás questiones el Plan de Dios,
pero algún día todo lo entenderás.

VJR

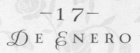

—17—
DE ENERO

Si te encuentras con Dios en la mañana
Y le pides su guía cuando oras,
Nunca en toda tu vida
Enfrentarás otro día sin esperanza.
HELEN STEINER RICE

Canten al SEÑOR, ustedes sus
fieles, alaben su santo nombre.
Porque solo un instante dura su enojo,
pero toda una vida su bondad.
SALMOS 30:4-5

Hoy, encuentra y saluda a Dios
con esperanza en tu corazón.
VJR

–18–
DE ENERO

¡No vengo a pedir, o a suplicar
O a implorarte,
Solo vengo a decirte
Cuánto te adoro!
HELEN STEINER RICE

… yo confío en el gran amor de Dios
eternamente y para siempre.
SALMOS 52:8

Hoy, expresa tu amor a Dios en
una forma que le complazca …
viviendo Sus mandamientos.
VJR

—19—
DE ENERO

La felicidad
Es solo un estado mental
Al alcance de todo aquel
Que toma el tiempo para ser bondadoso.
HELEN STEINER RICE

El que oprime al pobre ofende a su
Creador, pero honra a Dios quien
se apiada del necesitado.
PROVERBIOS 14:31

Hoy, toma tiempo para ser amigo de un
compañero de trabajo o de un vecino. Ayuda
a una persona de edad, llévala a una consulta
médica o prepara comida para una nueva
madre que acaba de salir del hospital.

VJR

-20-
DE ENERO

La poderosa mano de Dios
Puede ser sentida cada minuto,
Pues no hay nada en el mundo
Donde Dios no permanezca.
HELEN STEINER RICE

¡Canten al SEÑOR un cántico nuevo,
porque ha hecho maravillas!
su diestra, su santo brazo, ha
alcanzado la victoria.
SALMOS 98:1

Hoy, agradece a Dios por sostenerte
en la palma de Su mano, una mano
que es ambas: tierna y poderosa.
VJR

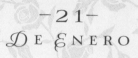

–21–
DE ENERO

Dios realmente te ama,
Venga lo que venga ...
¡Él te guiará y protegerá
Cada paso en el largo camino de la vida!
HELEN STEINER RICE

*SEÑOR, por causa de mis
enemigos, dirígeme en tu justicia;
empareja ante mí tu senda.*
SALMOS 5:8

Hoy, cuando busques una solución
a una perpleja situación,
con plena confianza toma el paso
más difícil: el primer paso.
VJR

Dios, ayúdame con mi forma de ser
Para que de alguna forma
pueda hacer algo cada día
Que muestre lo mucho que te amo
Y que mi fe soporte cada prueba.

HELEN STEINER RICE

Aunque digo:"Me encuentro muy
aflijido", sigo creyendo en Dios.
SALMOS 116:10

Hoy, realiza por lo menos un
acto de bondad, no importa que
pequeño o insignificante se vea.

VJR

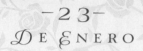

–23–
DE ENERO

Perdona los muchos errores
Que cometí ayer,
Y permíteme tratar otra vez, querido Dios,
Para caminar más cerca de Tu sendero.
HELEN STEINER RICE

Pero te confesé mi pecado, y
no te oculté mi maldad.
Me dije: "Voy a confesar mis
transgresiones al SEÑOR",
y Tú perdonaste mi maldad y mi pecado.
SALMOS 32:5

Hoy, realiza un esfuerzo sincero para
eliminar errores y aquellas ocasiones
que pudieran ser ofensivas a Dios.
VJR

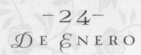

-24-
DE ENERO

Cada día es un buen día
Para darte a los demás,
Y cada momento es un buen momento
Para ver a la humanidad como hermanos.
HELEN STEINER RICE

El que es generoso prospera,
el que reanima será reanimado.
PROVERBIOS 11:25

Hoy, acepta a los demás tal como son.
Cuando eres amigo de los demás,
también eres amigo de Jesús.
VJR

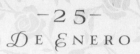

–25–
De Enero

Cada día que viene trae consigo
una oportunidad
Para vivir a plenitud, sin dejar nada sin hacer
Que hará brillar la existencia o alivie el peso
De algún cansado viajero perdido
en el camino de la vida.

HELEN STEINER RICE

*Bendito sea el SEÑOR, nuestro
Dios y Salvador, que día tras día
sobrelleva nuestras cargas.*

SALMOS 68:19

Hoy, trata, a través de tus acciones, de
reflejar la magnificencia y brillantez
de Dios en la vida de alguien.

VJR

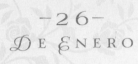

–26–
DE ENERO

No comiences tu día suponiendo
Que un problema se avecina,
Es mejor parar de suponer
Y en lugar empezar el día con una oración.
HELEN STEINER RICE

Yo, SEÑOR, te ruego que me ayudes;
por la mañana busco tu presencia en oración.
SALMOS 88:13

Hoy, empieza y termina tu
día con una oración.
VJR

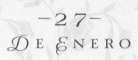

-27-
DE ENERO

Aférrate a tus principios
Y lucha con valentía,
Mantente firme
Por las cosas que son correctas.
HELEN STEINER RICE

Defiéndeme, SEÑOR, de los que me atacan;
combate a los que me combaten.
PROVERBIOS 35:1

Hoy, mantén tus principios
más allá de reproches.
VJR

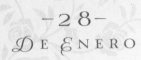

-28-
De Enero

Ilumina tu día
Y alivia tu camino,
Reduce tus preocupaciones
Con oraciones diarias.
HELEN STEINER RICE

Prueben y vean que el SEÑOR es bueno;
dichosos los que en él se refugian.
SALMOS 34:8

Hoy, ora y verás que tu día será más brillante
y tu camino más ligero.
VJR

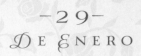

−29−
DE ENERO

Bendíceme, Padre del cielo,
Perdona mis caminos errados,
Bríndame fortaleza para servirte,
Pon propósito a mis días.
HELEN STEINER RICE

El SEÑOR es mi fuerza y mi canto;
¡él es mi salvación!
SALMOS 118:14

Hoy, sirve al Señor sirviendo a los
demás. Evita la preocupación.
Hay muchos que necesitan la ayuda que
solo tú puedes ofrecer.
VJR

—30—
DE ENERO

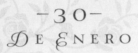

Danos quietud en la mente,
Durante el año que se avecina,
Enséñanos a ser pacientes
Y a ser siempre bondadosos.
HELEN STEINER RICE

Puse en el SEÑOR toda mi esperanza;
él se inclinó hacia mí y escuchó mi clamor.
SALMOS 40:1

Hoy, sé más paciente y valora la
calma que puede ser tuya.
VJR

Si deseas ser feliz
Y deshechar la miseria del temor,
Solo ríndete y deja de suponer
las peores cosas
Y en su lugar, busca lo bueno y
lo mejor en todas las cosas.

HELEN STEINER RICE

Dichoso el que halla sabiduría,
el que adquiere inteligencia.

PROVERBIOS 3:13

Hoy, busca lo mejor en las personas,
lugares y circunstancias.
VJR

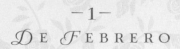

—1—
DE FEBRERO

¡Cuando caminas por la calle,
La vida se verá doblemente dulce
Si sonríes a la gente
Que llegas a conocer!
HELEN STEINER RICE

*... para el que es feliz siempre
es día de fiesta.*
PROVERBIOS 15:15

Hoy, permite que tu vestimenta
incluya una brillante y placentera
expresión. Una agradable sonrisa
es un accesorio de moda.
VJR

—2—
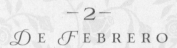
DE FEBRERO

Sabemos que más allá de las nubes obscuras
Que llenan un tormentoso cielo
La esperanza del arco iris atravesará radiante
Cuando las nubes hayan pasado.
HELEN STEINER RICE

La luz de los justos brilla radiante ...
PROVERBIOS 13:9

Hoy, mira más allá de las formaciones
tormentosas y busca
descubrir el plateado firmamento.
VJR

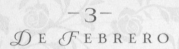

—3—
De Febrero

Todos tenemos preocupaciones y problemas
Que no podemos resolver solos,
Pero si acudimos a Dios en oración,
Nunca estaremos solos.
HELEN STEINER RICE

... el sabio atiende al consejo.
PROVERBIOS 12:15

Hoy, si te sientes solo, invita a
Jesús a hacerte compañía.
VJR

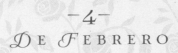

4

DE FEBRERO

A no ser que pensemos que somos mejores
Que el Padre del cielo,
Perdonemos a nuestras
hermanas y hermanos
Con un amor comprensivo.

HELEN STEINER RICE

No digas:"Le haré lo mismo que me hizo;
le pagaré con la misma moneda."

PROVERBIOS 24:29

Hoy, busca perdonar y olvida las
heridas reales o imaginarias
que hayas encontrado en tu camino.

VJR

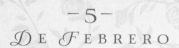

–5–

DE FEBRERO

Nunca estés
Tan ocupado para detenerte y reconocer
La pena que se encuentra en
los ojos de alguien,
Tan ocupado para ofrecer ayuda o compartir,
Tan ocupado para consolar o ayudar.
HELEN STEINER RICE

No niegues un favor a quien lo pida,
si en tu mano está el otorgarlo.
PROVERBIOS 3:27

Hoy, trata de identificar el corazón
herido escondido en las
palabras de aquel que está hablando.
VJR

DE FEBRERO

Dios, te agradecemos por los milagros,
Que somos tan ciegos para ver,
Haznos nuevamente concientes
De nuestros tantos regalos
que provienen de Ti.
HELEN STEINER RICE

Hay alguien que pretende ser
rico, y no tiene nada;
hay quien parece ser pobre, y todo lo tiene.
PROVERBIOS 13:7

Hoy, desarrolla un constante
sentido de gratitud,
Una apreciación por los regalos
de nuestro Padre.
VJR

–7–
DE FEBRERO

Detente un momento a recordar
Y a revisar placenteramente
Felices pequeños momentos
Y cosas que solías hacer.
Helen Steiner Rice

Traigo a la memoria los tiempos de antaño;
medito en todas sus proezas,
considero las obras de tus manos.
Salmos 143:5

Hoy, sé agradecido por
memorias placenteras.
VJR

— 8 —
De Febrero

Pocas veces nos damos cuenta
De la importancia de las pequeñas obras
O a qué grado de grandeza
Conllevan bondades desapercibidas.
HELEN STEINER RICE

Él reserva su ayuda para la
gente íntegra y protege
a los de conducta intachable.
Él cuida el sendero
de los justos y protege el
camino de sus fieles.
PROVERBIOS 2:7-8

Hoy, de alguna forma, no importa
cuán pequeña se vea,
alivia el camino de por lo
menos una persona.
VJR

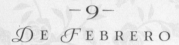

—9—
DE FEBRERO

Nunca dañes el cordón umbilical
Que te une al
Padre del cielo
Quien cuida de ti.
HELEN STEINER RICE

El temor del SEÑOR prolonga la vida,
pero los años del malvado se acortan.
PROVERBIOS 10:27

Hoy, busca formas de ayudar a
Dios mientras Él continúa
cuidando de ti.
VJR

—10—
De Febrero

Ningún día es inalcanzable
Si al amanecer, nuestro primer pensamiento
Es agradecer a Dios por sus bendiciones
Que Su amoroso cuidado nos ha brindado.
HELEN STEINER RICE

¡Aleluya! ¡Alabado sea el SEÑOR!
Den gracias al SEÑOR, porque él es bueno;
su gran amor perdura para siempre.
SALMOS 106:1

Hoy, reflecciona en la bondad de Dios.
Aprecia su grandeza y poder.
VJR

— 1 1 —
DE FEBRERO

La naturaleza de nuestra actitud
Hacia cosas circunstanciales
Determinan nuestra aceptación
De los problemas que la vida conlleva.
HELEN STEINER RICE

Todo lo contrario: he calmado y
aquietado mis ansias. Soy
como un niño recién amamantado
en el regazo de su madre.
¡Mi alma es como un niño
recién amamantado!
SALMOS 131:2

Hoy, minimiza problemas en
lugar de exagerarlos.
VJR

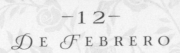

DE FEBRERO

Tratemos de hacer mejor las cosas
Y realizar mucho más,
Y ser más bondadosos y más sabios
Que en el día que ya pasó.

<small>HELEN STEINER RICE</small>

El comienzo de la sabiduría
es el temor del SEÑOR;
conocer al Santo es tener dicernimiento.

<small>PROVERBIOS 9:10</small>

Hoy, establece un entendimiento
más profundo de situaciones que
te confrontan. Tempera todas las
respuestas con sabiduría y bondad.

VJR

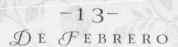

El amor nos hace pacientes,
comprensibles y bondadosos,
Y juzgamos con el corazón, no con la mente.
Pues tan pronto el amor ingresa
por las puertas del corazón,
Las faltas que una vez vimos,
desaparecen para siempre.

HELEN STEINER RICE

Más vale comer verduras
sazonadas con amor
que un festín de carne sazonadas con odio.

PROVERBIOS 15:17

Hoy, pide que el amor colorée tu
visión. Como consecuencia, toda
falta que encontremos será eliminada.

VJR

-14-
DE FEBRERO

"Ámense los unos a los otros
como Yo los he amado,"
Quizás parezca imposible de realizar,
Pero si tratas de confiar y creer,
Grandes son los gozos que recibirás.

HELEN STEINER RICE

El de sabio corazón acata las órdenes
pero el necio y rezongón va
camino al desastre.

PROVERBIOS 10:8

Hoy, identifica al que no es amoroso y
al que no es querido en tu comunidad,
y luego búscalos con una muestra
de amor y consternación.

VJR

La ayuda de Dios nunca falla,
Y cuánto recibimos
Depende de cuánto
Nuestro corazón puede creer.
HELEN STEINER RICE

Dispones ante mí un banquete en
presencia de mis enemigos.
Has ungido con perfume mi cabeza;
has llenado mi copa a rebosar.
SALMOS 23:5

Hoy, tu corazón y tu copa pueden rebosar.
VJR

–16–
DE FEBRERO

En los corazones generosos de
amorosos y fieles amigos,
Dios en Su caridad y sabiduría siempre envía
Un sentido de comprensión y
el poder de percepción
Y mezcla estas finas cualidades
con bondad y afecto.

HELEN STEINER RICE

*Que nunca te abandonen el
amor y la verdad ...*

PROVERBIOS 3:3

Hoy, actúa con bondad todo el
tiempo. Expresa tu aprecio a
aquellos que sirven en innumerables
formas: el chófer del omnibus, el
cartero, el profesor del colegio, el
niño que distribuye el periódico.

VJR

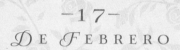

-17-
DE FEBRERO

Los milagros de Dios
Están a todo nuestro alrededor
Al alcance de nuestra vista
Y tacto y oído.
HELEN STEINER RICE

¡Aclamen alegres a Dios,
habitantes de toda la tierra!
Canten salmos a su glorioso nombre;
¡ríndanle gloriosas alabanzas!
SALMOS 66:1-2

Hoy, toma tiempo para observar
y apreciar los asombrosos
milagros de Dios.
VJR

−18−
De Febrero

Dios, enséñame a ser paciente,
Enséñame a ir despacio,
Enséñame cómo esperar por Ti
Cuando no conozco mi camino.
<small>HELEN STEINER RICE</small>

*El iracundo comete locuras,
pero el prudente sabe aguantar.*
<small>PROVERBIOS 14:17</small>

Hoy, ejerce la cualidad de la paciencia.
VJR

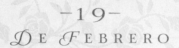

–19–
DE FEBRERO

La felicidad solo se encuentra
Al brindarla a los demás,
Y pensando en toda la gente que conocemos
No como extraños, sino como hermanos.
<small>HELEN STEINER RICE</small>

... ¡dichoso el que se compadece
de los pobres!
<small>PROVERBIOS 14:21</small>

Hoy, aumenta tu generosidad
y elimina egoísmos.
VJR

–20–
De Febrero

Dios en su misericordia nos ama a todos,
Y aunque lo que hemos
hecho es tan pequeño,
Él nos hace sentir bienvenidos
a arrodillarnos y orar
Por la oportunidad de ser mejores
al empezar un nuevo día.

HELEN STEINER RICE

Respóndeme, SEÑOR, por
tu bondad y tu amor;
por tu gran compasión vuélvete a mí.

SALMOS 69:16

Hoy, esfuérzate por hacer las
cosas mejor que ayer.

VJR

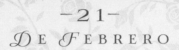

-21-
De Febrero

La amistad es una cadena dorada,
Las uniones son amistades tan queridas,
Y como rara y preciosa joya
Es atesorada más cada año ...
Helen Steiner Rice

El que perdona la ofensa cultiva el amor:
el que insiste en la ofensa
divide a los amigos.
Proverbios 17:9

Hoy, escribe una carta a alguien,
una carta de aprecio, saludo,
felicitaciones, para ayudar a
sentirse mejor o para animar.
VJR

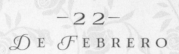

−22−
De Febrero

Sigue sonriendo
Cualquiera sea tu situación,
Con seguridad en el conocimiento
Que Dios está siempre a tu lado.
<small>Helen Steiner Rice</small>

El SEÑOR está cerca de quienes lo invocan,
de quienes lo invocan en verdad.
<small>Salmos 145:18</small>

Hoy, mantén una expresión
feliz y una actitud alegre,
sabiendo que Dios está contigo.
VJR

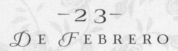

Cada uno tiene su propia dedicación,
No importa cuán pequeña sea,
Pues cada vida tiene un propósito
O no estaríamos aquí del todo.
HELEN STEINER RICE

Toda obra del SEÑOR tiene un propósito;
¡hasta el malvado fue hecho
para el día del desastre!
PROVERBIOS 16:4

Hoy, examina tus talentos, y
cualquiera sean, úsalos para
ayudar a alguien en alguna forma.
VJR

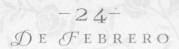

24
DE FEBRERO

Cuando alguien hace un acto de bondad,
Siempre me parece
Que es la forma que Dios en los cielos
Desearía que todos seamos.
HELEN STEINER RICE

Instrúyeme, SEÑOR, en tu camino
para conducirme con fidelidad.
Dame integridad de corazón
para temer tu nombre.
SALMOS 86:11

Hoy, que tus acciones hablen más
que tus palabras. Da ayuda y ánimo a
profesores, principales y administradores
durante todo el año escolar.
VJR

Nadie derrama una lágrima
O sufre una pérdida en vano,
Porque Dios siempre está allí
Para convertir nuestras
pérdidas en ganancias.
HELEN STEINER RICE

Tú me has librado de la muerte,
has enjugado mis lágrimas, no
me has dejado tropezar.
SALMOS 116:8

Hoy, ofrece gratitud a Dios por
estar siempre cerca de ti.
VJR

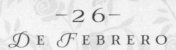

—26—
DE FEBRERO

"Divino Amor, Todo Excelente Amor"
Haces de mi humilde corazón tu hogar,
Porque sin Tu divino amor,
La obscuridad total sería mía.

<small>HELEN STEINER RICE</small>

El que habita al abrigo del Altísimo se acoge
a la sombra del Todopoderoso.
Yo le digo al SEÑOR:
"Tú eres mi refugio, mi fortaleza,
el Dios en quien confío."

<small>SALMOS 91:1-2</small>

Hoy, agradece a Jesús por iluminar tu vida.
VJR

DE FEBRERO

Solo sigue a Dios sin cuestionar
Porque lo amas tanto,
Pues si confías en Sus juzgamientos,
No hay nada que necesites saber.
HELEN STEINER RICE

Desde el cielo diste a conocer tu veredicto;
la tierra, temerosa, guardó
silencio cuando tú, oh Dios,
te levantaste para juzgar, para
salvar a los pobres de la tierra.
SALMOS 76:8-9

Hoy, enfrenta tus problemas tan
pronto se presenten. No anticipes
problemas. La mayoría de preocupaciones
se concentran alrededor
de problemas que nunca ocurren.
VJR

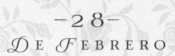

–28–
DE FEBRERO

Si cuando pides por algo
pareciera que Dios demora en responder,
Nunca te desanimes.
Él te está pidiendo que esperes.
HELEN STEINER RICE

Sean mi protección la
integridad y la rectitud,
porque en ti he puesto mi esperanza.
SALMOS 25:21

Hoy, espera si Dios te lo pide.
VJR

-29-
De Febrero

Una alentadora sonrisa, una
amigable palabra,
Una venia de consuelo ...
Todos estos son tesoros que no tienen precio
Del almacén de nuestro Dios.
Helen Steiner Rice

Es muy grato dar la respuesta adecuada,
y más grato aun cuando es oportuna.
Proverbios 15:23

Hoy, ofrece palabras de aliento a
un amigo, padres, familiares ...
y a ti mismo.
VJR

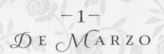

—1—
De Marzo

Cuando tu cruz se hace un
poco pesada de cargar
Y un poquito más de lo que
piensas que puedes soportar,
Recuerda como Él sufrió y murió
Y permitió Él mismo ser crucificado.
HELEN STEINER RICE

... me han traspasado las manos y los pies.
SALMOS 22:16

Hoy, si tu cruz pareciera pesada,
reflexiona en Jesús, en Su
sufrimiento y crucifixión.
VJR

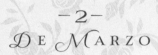

-2-
De Marzo

Sabemos que la vida es nunca medida
Por el número de años que vivimos,
Pero por las cosas bondadosas que hacemos
Y la felicidad que damos.
Helen Steiner Rice

El que es generoso será bendecido,
pues comparte su comida con los pobres.
Proverbios 22:9

Hoy, comparte una bondad, una
llamada telefónica, un
paseo, un pan de molde, con
alguien que lo necesita.
VJR

-3-
De Marzo

Despertamos en la mañana
Preocupados de cómo
enfrentaremos el nuevo día,
No sabiendo que Dios está listo
A ayudarnos si oramos.
HELEN STEINER RICE

A los justos los guía su integridad;
a los falsos los destruye su hipocresía.
PROVERBIOS 11:3

Hoy, ruega a Dios por Su guía divina.
VJR

-4-
DE MARZO

Confía en la sabiduría de Dios
Y nunca dudes del Padre Eterno,
Pues en el reino de Dios
No hay nada perdido para siempre.
HELEN STEINER RICE

El que con sabios anda, sabio se vuelve ...
PROVERBIOS 13:20

Hoy, esfuérzate en eliminar duda
y acrecentar tu confianza.
VJR

–5–
DE MARZO

Para entender la grandeza de Dios
Y para usar sus regalos cada día
Nuestra alma debe aprender a encontrarlo
En meditación diaria.
<small>HELEN STEINER RICE</small>

Más vale adquirir sabiduría que oro;
más vale adquirir inteligencia que plata.
<small>PROVERBIOS 16:16</small>

Hoy, toma tiempo para meditar
en la Palabra de Dios,
en la naturaleza.
VJR

–6–
DE MARZO

No puede haber corona de estrellas
Sin una cruz que soportar,
Y no hay salvación
Sin fe y amor y oración.
HELEN STEINER RICE

El justo se ve coronado de bendiciones,
pero la boca del malvado encubre violencia.
PROVERBIOS 10:6

Hoy, con fe y amor y oración
como tus compañeros, sigue
adelante hacia nuevos y más altos objetivos.
VJR

— 7 —
De Marzo

Hay muchas cosas en la vida
Que no podemos entender,
Pero debemos confiar en el
juzgamiento de Dios
Y ser guiados por Su mano.
HELEN STEINER RICE

El camino del SEÑOR es
refugio de los justos ...
PROVERBIOS 10:29

Hoy, permite que la dirección
de tu vida sea guiada
por la mano de Dios.
VJR

—8—
DE MARZO

La primavera siempre viene con
nueva vida y nacimiento,
Seguida por el verano para
calentar la tierra suave.
Y qué consuelo saber que hay razones
Que las almas, como la naturaleza,
deben tener sus estaciones.

HELEN STEINER RICE

El que llora esparce la semilla,
cantando recoge sus gavillas.

SALMOS 126:6

Hoy, compara las estaciones del año
con las estaciones de tu alma.

VJR

–9–
DE MARZO

Primero busca Su reino,
Y poseerás
Las riquezas más grandes del mundo
que es la verdadera felicidad.
<small>HELEN STEINER RICE</small>

Tu reino es un reino eterno;
tu dominio permanece por todas las edades.
<small>SALMOS 145:13</small>

Hoy, cuando escribas tu lista de cosas que
"debes realizar" escribe: "buscar el reino
de Dios" como primera acción en tu lista.
VJR

Nuestro Padre hizo los cielos,
Las montañas y las laderas,
Los ríos y los océanos,
Y los pajaritos que cantan.
HELEN STEINER RICE

Sea alabado el nombre del SEÑOR,
porque él dió una orden
y todo fue creado. Todo quedó
afirmado para siempre;
emitió un decreto que no será abolido.
SALMOS 148:5-6

Hoy, sé grato por la belleza, la paz
y las maravilla encontrada
en la naturaleza.
VJR

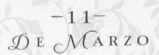

—11—
De Marzo

No ladera es tan extensa,
Ni montaña tan alta,
Pues con fe en el Señor
Tú puedes conquistarlas todas.

Helen Steiner Rice

Solo en Dios halla descansado mi alma;
de él viene mi esperanza.

Salmos 62:5

Hoy, repite una y otra vez: «Con Dios
todas las cosas son posibles».

VJR

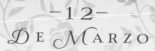

-12-
De Marzo

Nunca te quejes de tu cruz,
Pues tu cruz ha sido bendita,
Dios la hizo solo para ti para que la uses
Y recuerda: ¡Dios sabe mejor!
Helen Steiner Rice

*Contarás con el favor de Dios y
tendrás buena fama entre
la gente. Confía en el SEÑOR
de todo corazón,
y no en tu propia inteligencia.
Reconócelo en todos tus caminos,
y él allanará tus sendas.*
Proverbios 3:5-6

Hoy, acepta tu cruz sin quejas,
pues después de todo, fue
personalmente creada para ti
por el Maestro Diseñador.
VJR

-13-
DE MARZO

La mayoría de las batallas
De la vida son ganadas
Mirando más allá de las nubes
Hacia el sol.

HELEN STEINER RICE

Cuando te llamé, me respondiste;
me infundiste ánimo y
renovaste mis fuerzas.

SALMOS 138:3

Hoy, mira más allá de las nubes,
y encontrarás algunos rayos
de sol brillando.

VJR

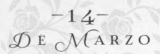

–14–
De Marzo

Que todos tratemos
En nuestras simples formas de ser
Hacer nuevas amistades
Día tras día.

HELEN STEINER RICE

... el enviado confiable aporta la solución.

PROVERBIOS 13:17

Hoy, concéntrate en el preciado
valor de la amistad.

VJR

-15-
DE MARZO

El amor de Dios nos rodea
Como el aire que respiramos,
Tan cerca como un latido del corazón,
tan cerca como una oración,
Y cuando lo necesitamos, Él siempre está allí.
<small>HELEN STEINER RICE</small>

...Fiel es el SEÑOR a su palabra
y bondadoso en todas sus obras.
<small>SALMOS 145:13</small>

Hoy, cada latido de tu corazón te
recordará que Dios está contigo.
VJR

-16-
De Marzo

Solo cierra tus ojos
Y habre tu corazón
Y siente tus preocupaciones
Y cuidados departir.
HELEN STEINER RICE

En ti, SEÑOR Soberano, tengo
puestos los ojos; en ti busco refugio;
no dejes que me maten.
SALMOS 141:8

Hoy, tan pronto pensamientos de
Dios ingresen a tu corazón,
tus preocupaciones se desvanecerán.
VJR

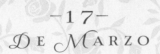

–17–
De Marzo

En la resurrección
Que toma lugar en la naturaleza,
Permítenos entender plenamente
Al Salvador resucitado, Hijo de Dios.
<small>Helen Steiner Rice</small>

Levántame, ven a ayudarnos,
y por tu gran amor, ¡rescátanos!
<small>Salmos 44:26</small>

Hoy, maravíllate con la naturaleza
que nos enseña acerca de la
vida, muerte, resurrección ...
y el recuerdo de Jesús.
VJR

—18—
De Marzo

Si tratamos de estar solos,
Somos débiles y caeremos,
Pues Dios es siempre más grandioso
Cuando estamos perdidos,
pequeños y sin ayuda.
HELEN STEINER RICE

Hijo mío, escucha las
correcciones de tu padre ...
PROVERBIOS 1:8

Hoy, pídele a Dios que permanezca
contigo. Con Dios a tu lado,
puedes enfrentar todos los retos.
VJR

-19-
DE MARZO

Veo el rocío brillando en un
esplendor cristalino
Mientras Dios, con un toque suave y tierno,
Envuelve la noche y suavemente la desvanece
Y suspende al sol para coronar el día.
HELEN STEINER RICE

*De día el sol no te hará daño,
ni la luna de noche.*
SALMOS 121:6

Hoy, da bienvenida a la frescura
de la mañana y a las
oportunidades que te esperan con
el comienzo de un nuevo día.
VJR

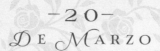

-20-
DE MARZO

La felicidad es algo
Que creamos en nuestras mentes,
Es algo que buscas
Y pocas veces encuentras.
HELEN STEINER RICE

Lo que ganes con tus manos, eso comerás;
gozarás de dicha y prosperidad.
SALMOS 128:2

Hoy, sé un mensajero de felicidad.
VJR

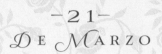

–21–
De Marzo

La presencia de Dios está siempre a tu lado,
Tan cerca como al alcance de tu mano,
Solo tienes que decirle tus problemas,
Y Él todo lo entenderá.

Helen Steiner Rice

Me has dado a conocer la senda
de la vida; me llenarás
de alegría en tu presencia y de
dicha eterna a tu derecha.

Salmos 16:11

Hoy, conversa con Dios y también escúchalo.
VJR

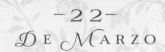

Dios renueva cada flor y cada hoja
Y cada arbusto y cada árbol ...
Y el mismo Dios también enviará
Nueva vida para ti y para mí.
<small>HELEN STEINER RICE</small>

Tú, oh Dios, me has librado de tropiezos,
me has librado de la muerte,
para que siempre,
en tu presencia, camine en la luz de la vida.
<small>SALMOS 56:13</small>

Hoy, agradece a Dios por el regalo
del cambio de estaciones
de la naturaleza y el regalo de nueva vida.
VJR

–23–
De Marzo

Dios no es un extraño
En un lugar muy lejano,
Él está tan cerca como el viento
Que acaricia mi rostro.
HELEN STEINER RICE

Levanta las nubes desde los
confines de la tierra;
envía relámpagos con la lluvia y saca de sus
depósitos a los vientos.
SALMOS 135:7

Hoy, sé consciente de la
Omnipresencia de Dios.
VJR

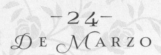

-24-
DE MARZO

La amistad es un invalorable regalo
Que no puede ser comprado ni vendido,
Tener un amigo comprensivo
Es más valioso que el oro.
<small>HELEN STEINER RICE</small>

Más confiable es el amigo que hiere
que el enemigo que besa.
<small>PROVERBIOS 27:6</small>

Hoy, aprecia el tremendo valor de
tener a un amigo comprensivo.
VJR

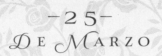

–25–
DE MARZO

Cada cosa que vive y crece
Que puedas tocar o ver en primavera
Es un mensaje del cielo
Para decirte que Dios es vida y amor.
HELEN STEINER RICE

Enséñame, SEÑOR, tus decretos,
¡la tierra está llena de tu gran amor!
SALMOS 119:64

Hoy, responde a la comunicación
de Dios y a su profunda
devoción que se repite una y
otra vez en la calidad de
existencia observada en la primavera.
VJR

De Marzo

Toda la naturaleza atiende al
llamado de la primavera
Mientras Dios despierta todas las cosas,
Y todo lo que se ve tan muerto y quieto
Experimenta una súbita emoción.
HELEN STEINER RICE

*Convirtió el desierto en fuentes de agua,
la tierra seca en manantiales.*
SALMOS 107:35

Hoy, responde al llamado de Dios
mientras te emocionas
al contemplar el despertar de
la tierra dormilona.
VJR

–27–
De Marzo

Es facil decir: «En Dios confiamos»,
Cuando la vida es radiante y justa,
Pero la prueba de fe solo se encuentra
Cuando hay cargas que soportar.
HELEN STEINER RICE

Examíname, SEÑOR; ¡ponme
a prueba! purifica
mis entrañas y mi corazón. Tu
gran amor lo tengo presente,
y siempre ando en tu verdad.
SALMOS 26:2-3

Hoy, permite que tu fe te
ayude a pasar la prueba.
VJR

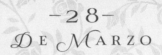

–28–
DE MARZO

Nadie descubre la plenitud
O la grandeza del amor de Dios
A no ser que haya esperado en la obscuridad
Con solo una luz del cielo.
HELEN STEINER RICE

Para los justos la luz brilla en las tinieblas.
¡Dios es clemente, compasivo y justo!
SALMOS 112:4

Hoy, agradece a Dios por ser tu
linterna segura ... siempre
cargada, siempre lista a brillar
no importa a qué hora o en
qué evento.
VJR

-29-
DE MARZO

Grandiosa es tu alegría
Y rica tu recompensa
Cuando haces el propósito de tu vida
La elección del Señor.
HELEN STEINER RICE

Recompensa de la humildad
y del temor del SEÑOR
son las riquezas, la honra y la vida.
PROVERBIOS 22:4

Hoy, actúa con humildad.
VJR

-30-
De Marzo

Cada carga soportada hoy
Y cada pena presente
Son solo felices presagios
De un gozoso y brillante mañana.
HELEN STEINER RICE

Así de dulce sea la sabiduría a tu alma;
si das con ella, tendrás buen futuro;
tendrás una esperanza que
no será destruida.
PROVERBIOS 24:14

Hoy, siente gran cariño por el
mensaje de esperanza de Dios.
VJR

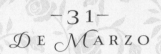

—31—
DE MARZO

Que Aquel que oye cada pequeña oración
Te guarde seguro en Su cuidado,
Y haga que el mundo brille alrededor tuyo
Mientras caminas diariamente en Su luz.
HELEN STEINER RICE

Tu palabra es una lámpara a mis pies;
es una luz en mi sendero.
SALMOS 119:105

Hoy, da la bienvenida a alguien
nuevo en tu círculo de amistades.
Permite que la luz de Dios
brille a través de ti.
VJR

—1—
De Abril

Estás iniciando otro día,
Intocable, fresco y nuevo,
Y aquí vengo a pedirte, Dios mío,
Si Tú me renueves también.
HELEN STEINER RICE

Crea en mí, oh Dios, un corazón límpio,
y renueva la firmeza de mi espíritu.
SALMOS 51:10

Hoy, busca una renovación de
espíritu, una renovación que
se origina y descansa en Dios.
VJR

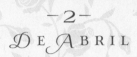

¿Quién sino Dios
Podrá hacer el día
Y suavemente
Desvanecer la noche?
HELEN STEINER RICE

Tuyo es el día, tuya también la noche;
tú estableciste la luna y el sol.
SALMOS 74:16

Hoy, piensa y da gracias a nuestro
Creador por la luz del
día y el descanso de la noche.
VJR

−3−
DE ABRIL

Cuando hagas lo que sueles hacer
Con voluntad y una sonrisa,
Todo lo que hagas
Se verá doblemente valioso.

HELEN STEINER RICE

Extiende tu amor a los que te conocen,
y tu justicia a los rectos de corazón.

SALMOS 36:10

Hoy, concéntrate en tu actitud y en tu
expresión. Si usas una sonrisa, lucirás más
feliz, y pueda ser que te sientas más feliz.

VJR

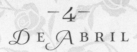

— 4 —
De Abril

Nunca enfrentamos nuestros
problemas solos,
Pues Dios es nuestro Padre y somos suyos,
No hay ninguna circunstancia
que no podamos enfrentar
Si postramos nuestra carga
a los pies de Jesús.

HELEN STEINER RICE

Pero a los necesitados los
saca de su miseria ...

SALMOS 107:41

Hoy, invita a Jesús a compartir tu
problema y a que te ayude a
buscar una solución.

VJR

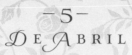

– 5 –
DE ABRIL

No todos podemos ser famosos
O estar nombrados en el
libro Quién es Quién,
Pero cada persona, grande o pequeña,
Tiene un importante trabajo que realizar.

HELEN STEINER RICE

... que tú, Señor, eres todo amor;
que tú pagarás a cada uno según
lo que merezcan sus obras.

SALMOS 62:12

Hoy, recuerda que la más pequeña
obra realizada con amor,
el más pequeño talento usado para Dios, y el
más diminuto gesto hecho con bondad son
actos muy importantes a los ojos de Dios.

VJR

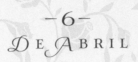

—6—
DE ABRIL

Triunfar sobre un problema
Y crecer más fuertes con la derrota
Es ganar la clase de victoria
Que completará tu vida.
HELEN STEINER RICE

... y en el corazón se refleja la persona.
PROVERBIOS 27:19

Hoy, reanímate con pensamientos
de Jesús y Su victoria sobre
aparente derrota.
VJR

Hay gente que encontramos al pasar
Y olvidamos tan pronto se van.
Hay otros que recordamos con placer
Y nos sentimos honrados y
privilegiados de conocer.
HELEN STEINER RICE

... pero el sabio se recrea con la sabiduría.
PROVERBIOS 10:23

Hoy, recuerda algunas de las
personas que han influenciado
profundamente tu vida.
VJR

– 8 –

De Abril

La primavera es una estación
De esperanza, y gozo y alegrías ...
Hay belleza a todo nuestro alrededor
Para ver, tocar, y escuchar.
Helen Steiner Rice

Tú hiciste la luna que marca las estaciones,
y el sol, que sabe cuando ocultarse.
Salmos 104:19

Hoy, toma tiempo para valorar
la habilidad de ver, de tocar,
escuchar, oler y saborear.
VJR

—9—
DE ABRIL

Porque el temor, el enojo y la preocupación
No ayudan en ninguna forma,
Es más sano y más feliz
Estar alegre cada día.
HELEN STEINER RICE

El que es hiracundo provoca contiendas;
el que es paciente las apacigua.
PROVERBIOS 15:18

Hoy, sé feliz todo el día.
VJR

¿Dios mío, me recuerdas?
Vengo cada día
Solo para hablar contigo, Señor,
Y para aprender a rezar.
HELEN STEINER RICE

Escucha mis súplicas, rey mío y Dios mío,
porque a ti elevo mi plegaria.
SALMOS 5:2

Hoy, imagínate a Jesús sentado
junto a ti. ¿Qué hablarías
con Él? ¿Qué temas cubrirían
en la conversación?
VJR

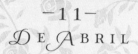

No importa cuán grande sean
los sueños del hombre,
Las bendiciones de Dios son
infinitamente más grandiosas,
Pues siempre la bondad de
Dios es más grande
Que lo que el hombre le pide.
HELEN STEINER RICE

Quien es así recibe bendiciones del SEÑOR;
Dios su Salvador le hará justicia.
SALMOS 24:5

Hoy, sé grato a Dios por Su asombrosa
e increíble generosidad.
VJR

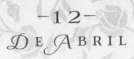

—12—
DE ABRIL

Los recuerdos son posesiones invalorables
Que el tiempo no puede destruir,
Pues es en los recuerdos felices
Que el corazón encuentra
su más grande gozo.
HELEN STEINER RICE

Me pongo a pensar en los
tiempos de antaño;
de los años ya idos me acuerdo.
SALMOS 77:5

Hoy, graba cada experiencia diaria
en tu corazón y tu mente
como preciosos momentos que
pasan tan rápido en el tiempo.
Los acontecimientos de hoy son
los recuerdos del mañana.

VJR

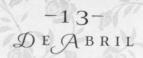

—13—
DE ABRIL

El hombre no puede vivir solo de pan,
No importa cuánto tenga o posea ...
Pues aunque alcance su meta terrenal,
Él se gastará en vano con
una alma ambrienta.

HELEN STEINER RICE

Hacia ti extiendo las manos;
me haces falta, como el
agua a la tierra seca.

SALMOS 143:6

Hoy, el hambre y la sed de tu
corazón solo serán satisfechas
con una dieta de buenas obras.

VJR

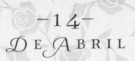

–14–
DE ABRIL

Una tumba vacía,
Una roca removida,
Hablan del Salvador
Quien resucitó el domingo de gloria.
HELEN STEINER RICE

Pero yo, SEÑOR, en ti confío,
y digo: "Tú eres mi Dios"
Mi vida entera está en tus manos;
líbrame de mis enemigos y perseguidores.
SALMOS 31:14-15

Hoy, mantén la resurrección de
nuestro Señor y su poderoso
impacto en lo más alto de tus pensamientos.
VJR

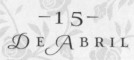

–15–
DE ABRIL

En el amanecer de la tierra
La gran naturaleza con perfección
Repite la historia de la Semana Santa
De muerte y resurrección.
<small>HELEN STEINER RICE</small>

Pero si envías tu Espíritu, son creados,
y así renuevas la faz de la tierra.
<small>SALMOS 104:30</small>

Hoy, refresca tu mente, cuerpo y
espíritu. Mira a tu alrededor.
Dios está rejuveneciendo la tierra.
Él puede hacer lo mismo por ti.

VJR

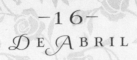

–16–
DE ABRIL

No permitas que tu corazón se aflija
No permitas que tu alma se sienta triste
El domingo de Resurrección
es un tiempo de gozo
Cuando los corazones deberían estar felices.
HELEN STEINER RICE

Nosotros celebraremos tu
victoria, y en el nombre
de nuestro Dios desplegaremos
las banderas ...
SALMOS 20:5

Hoy, cuando veas a una mariposa,
permite que te recuerde
de una vida nueva.
VJR

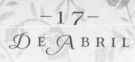

-17-

DE ABRIL

La vida es eterna y el amor es inmortal
Y la muerte es una puerta,
una entrada y un portal
Hacia una vida que ningún
hombre puede imaginar,
Pues Dios tiene una perspectiva
y visión más grandiosa.

HELEN STEINER RICE

*Aun si voy por valles tenebrosos, no
temo peligro alguno porque tú estás a mi
lado; tu vara de pastor me reconforta.*

SALMOS 23:4

Hoy, resuelve mejorar la forma
en que vives esta vida en
preparación a la próxima ... pues
la vida continúa porque la
vida es eterna, gracias a Jesús.

VJR

−18−
DE ABRIL

Después de las nubes, los rayos del sol,
Después del invierno, la primavera,
Después de la lluvia, el arco iris,
Pues la vida es cambiante.
HELEN STEINER RICE

El SEÑOR es mi luz y mi salvación;
¿a quién temeré? ...
SALMOS 27:1

Hoy, busca el arco iris que
está presente en la vida.
VJR

Después del invierno viene la primavera
Para mostrarnos nuevamente que en todo
Siempre hay renovación,
planeada divinamente,
Perfecta es la obra de las manos de Dios.

HELEN STEINER RICE

Porque el SEÑOR es el gran Dios,
el gran Rey sobre todos los
dioses. En sus manos están
los abismos de la tierra; son las
cumbres de los montes.

SALMOS 95:3-4

Hoy, renuévate. Mejora. Despierta
el deseo dentro de ti para
florecer y llegar a ser lo mejor que
puedas ser. Permite que se
realice en honor a Dios.

VJR

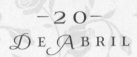

–20–
De Abril

Permítenos ver la belleza
Y la gloria y la gracia
Que nos rodea en el tiempo de primavera
Como la sonrisa del rostro de Dios.
HELEN STEINER RICE

Tengo sed de Dios, del Dios de la vida.
¿Cuándo podré presentarme ante Dios?
SALMOS 42:2

Hoy, si realmente observas, puedes
ver la presencia de Dios
presente a todo tu alrededor.
VJR

–21–
DE ABRIL

Reyes y reinos todos pasarán,
Nada en la tierra perdura,
Pero el amor de Dios quien envió a Su Hijo
Es tuyo para siempre.
HELEN STEINER RICE

Pero tú, SEÑOR, reinas eternamente;
tu nombre perdura en todas
las generaciones.
SALMOS 102:12

Hoy, regocíjate en el conocimiento
que el amor de Dios
perdura para siempre.
VJR

–22–
De Abril

Justo cuando caemos al costado del camino,
Desanimados con la vida,
arrodillados con la carga,
Levantamos nuestros ojos, y lo
que parece el fin del camino
Es la calle de sueños, donde
encontramos a un amigo.
HELEN STEINER RICE

El SEÑOR sostiene a los pobres ...
SALMOS 147:6

Hoy y cada día, un amigo es
un regalo de Dios –
¡así como lo es Jesús!
VJR

-23-
DE ABRIL

En enfermedad o salud, en
sufrimiento o dolor,
En cielos tormentosos, en el
brillo del sol y la lluvia,
Dios está siempre allí para
iluminar tu camino
Y guiarte a través de la obscuridad
hacia un día más brillante.

HELEN STEINER RICE

*Él cubre las nubes del cielo, envía
la lluvia sobre la tierra
y hace crecer la hierba en los montes.*
SALMOS 147:8

Hoy, cualquiera sea el clima o las
circunstancias, la obscuridad
terminará, el amanecer
prevalecerá y el sol brillará.

VJR

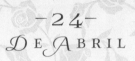

—24—
DE ABRIL

Aquel que nació para ser crucificado
Se levantó de la tumba y fue glorificado ...
Y los pajaritos en los árboles y
las flores de primavera
Todos se unen a proclamar a su Rey celestial.

HELEN STEINER RICE

*Señor mi Dios, con todo el
corazón te alabaré,
y por siempre glorificaré tu nombre.*

SALMOS 86:12

Hoy, agrega un poco de armonía
a la canción que el mundo
está cantando.

VJR

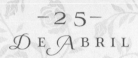

–25–
DE ABRIL

¿Has escuchado rumores
que desearías refutar
O algún chisme que desearías disputar?
Bueno, no te preocupes, pues
Dios conoce el resultado,
Y con Dios como tu juez, nunca
debes preocuparte.

HELEN STEINER RICE

El chismoso traiciona la confianza;
no te juntes con la gente que habla demás.

PROVERBIOS 20:19

Hoy, sé como Cristo en tus palabras
dichas ... y también en
aquellas no dichas.

VJR

Buena salud, buen humor
Y buen sentido común,
No hombre es pobre
Con esta defensa.
H<small>ELEN</small> S<small>TEINER</small> R<small>ICE</small>

Panal de miel son las palabras amables:
endulzan la vida y dan salud al cuerpo.
P<small>ROVERBIOS</small> 16:24

Hoy, comparte la receta para un
buen vivir. Los ingredientes
más importantes incluyen
devoción y fe en Dios y el
servicio a los demás.
VJR

–27–
DE ABRIL

El amor de Dios es como un ancla
Cuando el bravo oleaje cunde,
Una seguridad en la tormenta de la vida,
¡Una fortaleza para el alma!
HELEN STEINER RICE

El SEÑOR es mi roca, mi
amparo, mi libertador;
es mi Dios, el peñasco en que me refugio.
Es mi escudo, el poder que me
salva, ¡mi más alto escondite!
SALMOS 18:2

Hoy, mantente firme y seguro
anclado en el Señor.
VJR

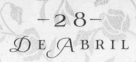

-28-
DE ABRIL

Dios te perdona hasta el fin,
Él es tu fiel, amigo leal.
Alguien te cuida y todavía te quiere,
Y Dios es Aquel quien siempre lo hará.

<small>HELEN STEINER RICE</small>

Alaba, alma mía, al SEÑOR,
y no olvides ninguno
de sus beneficios. Él perdona todos
tus pecados y sana todas
tus dolencias; él rescata tu vida del sepulcro
y te cubre de amor y compasión;
él colma de bienes tu vida ...

<small>SALMOS 103:2-5</small>

Hoy, comprende el hecho significativo
de tener a un fiel y leal
amigo. Ahora sé un fiel y leal amigo.

VJR

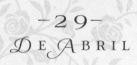

–29–
De Abril

Cada día hay lluvias de bendiciones
Enviadas por el Padre del cielo,
Pues Dios es un grandioso, dador pródigo
Y no hay fin para su amor.
HELEN STEINER RICE

Tú eres el Dios que realiza maravillas;
el que despliega su poder entre los pueblos.
SALMOS 77:14

Hoy, cuenta tus bendiciones.
VJR

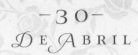

Florecitas de manzana
floreciendo en abundancia
Embellecen el árbol
Y son una bella imagen de primavera
Que es hermoso al mirar.

HELEN STEINER RICE

... SEÑOR mi Dios, tú eres grandioso;
... la tierra se sacia con el fruto de tu trabajo.

SALMOS 104:1,13

Hoy, enumera los varios tonos
y gradientes de colores en
las escenas de primavera que
observas, y maravíllate de la
originalidad y creatividad en la obra de Dios.

VJR

Verás que cuando sonríes,
Tu día será más brillante
Y todas tus cargas
Se sentirán más livianas
HELEN STEINER RICE

Busqué al SEÑOR, y él me respondió;
me libró de todos mis temores.
Radiantes están los que a él acuden ...
SALMOS 34:4-5

Hoy, probará que una sonrisa radiante
contribuye a un día radiante.
VJR

–2–
DE MAYO

«Toma tu cruz y sígueme,»
El Salvador dijo al hombre,
«Confía siempre en la grandeza
Del santo plan de Mi Padre.»
HELEN STEINER RICE

Desde el cielo Dios contempla
a los mortales,
para ver si hay alguien que sea
sensato y busque a Dios.
SALMOS 53:2

Hoy, reflexiona sobre tu relación
personal con Dios.
VJR

Cuando pensamos en nuestras madres,
Nos acercamos a Dios en el cielo,
Pues solo Dios en su grandeza
Pudo crear el amor de una madre.

HELEN STEINER RICE

*... obedece el mandamiento de tu padre
y no abandones la enseñanza de tu madre.*

PROVERBIOS 6:20

Hoy, rinde homenaje a tu madre.
Su amor impactó tu vida y
continuará influenciando en ti por siempre.

VJR

—4—
De Mayo

No disfrutaríamos de los rayos del sol
Si nunca hubiéramos tenido la lluvia,
No podríamos apreciar la buena salud
Si nunca hubiéramos tenido un dolor.

Helen Steiner Rice

SEÑOR, yo sé que tus juicios son justos,
y que con justa razón me afliges.

Salmos 119:75

Hoy, estudia los contrastes de la
vida: luz y obscuridad, rayos del
sol y lluvia, gozo y tristeza, buena
salud y dolor. La apreciación
se profundiza cuando experimentamos
los lados opuestos del
espectro de la vida.

VJR

–5.–
De Mayo

No sabemos cómo sucede
Que en una hora de necesidad
Alguien, no se sabe de dónde,
¡Demostró ser un amigo de verdad!
<small>Helen Steiner Rice</small>

*No abandones a tu amigo ni
al amigo de tu padre ...*
<small>Proverbios 27:10</small>

Hoy, acércate a la vida de alguien
y muéstrale tu amistad.
VJR

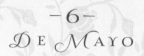

–6–
DE MAYO

Vivir sin interés en ser solidario
Es morir por dentro ...
El hombre pierde su entusiasmo de vivir
Y su propósito de ganar.

HELEN STEINER RICE

Los malvados no entienden,
los que buscan al SEÑOR lo entienden todo.

PROVERBIOS 28:5

Hoy, acrecienta tu grado de solidaridad.
VJR

–7–
De Mayo

No hay nadie, no importa cuán simple sea,
Que no tenga una parte que realizar,
Una pequeña cosa para contribuir,
Algo que hacer o decir.
<small>HELEN STEINER RICE</small>

Vale más un Don Nadie con criado
que un Don Alguien sin pan.
<small>PROVERBIOS 12:9</small>

Hoy, suplica a Dios por su guía
para mostrarte qué tiene
en mente para que realices.
VJR

— 8 —
De Mayo

Gracias, Dios, por la belleza
Que me rodea en todas partes,
La suave lluvia y el brillante rocío,
Los rayos del sol y el aire.

Helen Steiner Rice

Los ojos del SEÑOR están en todo lugar,
vigilando a los buenos y a los malos.

Proverbios 15:3

Hoy, aprecia la belleza que te
rodea, y reconocerás que
Dios está aquí, allá y en todo lugar.

VJR

-9-
DE MAYO

El cielo y las estrellas, las olas y el mar,
El rocío en el pasto, las hojas en un árbol
Son constantes recordatorios
de Dios y su cercanía,
Proclamando Su presencia con
una cristalina claridad.
HELEN STEINER RICE

Alábenlo, sol y luna, alábenlo,
estrellas luminosas.
SALMOS 148:3

Hoy, las maravillas de la creación
de Dios te sorprenderán y
te pasmarán. Comparte con un
niño la emoción de un glorioso
amanecer, un deslumbrante atardecer
o un espectacular cielo estrellado.
VJR

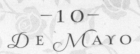

— 1 0 —
DE MAYO

Hoy pon tu más querido deseo
en las manos de Dios
Y conversa con Él mientras oras fielmente,
Y puedes estar seguro que tu
deseo se hará realidad
Si Dios siente que tu deseo
será bueno para ti.
HELEN STEINER RICE

Que acuda tu mano en mi ayuda,
porque he escogido tus preceptos.
SALMOS 119:173

Hoy, coloca tu deseo en las manos
de Dios y también acepta
Su tiempo.
VJR

–11–
DE MAYO

Nuestro Padre sabe qué es lo
mejor para nosotros,
Entonces, por qué nos quejamos,
Siempre queremos los rayos de sol
Pero Él sabe que debe haber lluvia.
HELEN STEINER RICE

El que es ambicioso provoca peleas,
pero el que confía en el SEÑOR prospera.
PROVERBIOS 28:25

Hoy, confía en la sabiduría de Dios
y en Sus diseños. Reconoce
que algunos patrones, como algunos
días, requieren más disciplina
y atención que otros.
VJR

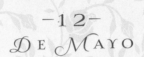

— 12 —
DE MAYO

Nada en la tierra
Puede hacer la vida más valiosa
Que la brillantez y la calidez
De una bella sonrisa.
HELEN STEINER RICE

El malvado es inflexible en sus decisiones;
el justo examina su propia conducta.
PROVERBIOS 21:29

Hoy, suaviza tu corazón y tu expresión facial.
VJR

-13-
DE MAYO

El amor de una madre es diseñado
Con el modelo del amor sacrificado de Dios,
Es infinito y nunca falla
Como el amor de Dios en el cielo.
HELEN STEINER RICE

¡Que se alegren tu padre y tu madre!
¡Que se regocije la que te dió la vida!
PROVERBIOS 23:25

Hoy, habla amablemente y
amorosamente. Recuerda las acciones
tiernas y bondadosas de una amorosa madre.
VJR

-14-
DE MAYO

Mi jardín embellece mi terreno
Y da fragancia al aire ...
Pero también es mi catedral
Y mi tranquilo lugar de oración.
HELEN STEINER RICE

Póstrense ante el SEÑOR en la
majestad de su santuario;
¡tiemble delante de él toda la tierra!
SALMOS 96:9

Hoy, así como el propósito de
una flor es florecer, permite
que tu propósito sea servir.
VJR

-15-
De Mayo

Los recuerdos crecen más significativos
Con cada año que transcurre,
Más preciosos y más bellos,
Más atesorados y más queridos.
<small>Helen Steiner Rice</small>

... Mi corazón reflexiona por las noches;
mi espíritu medita e inquiere.
<small>Salmos 77:6</small>

Hoy, recuerda sucesos felices de
años pasados y no pienses
en los tiempos tristes.
VJR

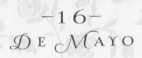

—16—
DE MAYO

Muy poco nos damos cuenta
Que la gloria y el poder
De Aquel que hizo el universo
Reposan escondidos en una flor.
HELEN STEINER RICE

Oh SEÑOR, soberano nuestro,
¡qué imponente es tu nombre
en toda la tierra! ...
SALMOS 8:1

Hoy, cuando mires a una flor,
mira el amor de Dios y un
mensaje de Él.
VJR

−17−
DE MAYO

La vida es como un jardín
Y la amistad es como una flor
Que florece y crece en belleza
Con los rayos del sol y la lluvia.

HELEN STEINER RICE

El esplendor y la majestad son sus heraldos;
hay poder y belleza en su santuario.

SALMOS 96:6

Hoy, planta la semilla de la amistad
dentro de tu corazón. Con
calidez de amor y lluvias de bondad,
observa la amistad florecer.

VJR

18
DE MAYO

Que tu oración continúe
A través de un gozoso despertar primaveral
Agradeciendo a Dios por todo
Lo que una primavera recién
nacida puede brindar.
HELEN STEINER RICE

El rostro radiante del rey es signo de vida;
su favor es como lluvia en primavera.
PROVERBIOS 16:15

Hoy, toma una lección de la estación.
La primavera está en acción.
Reanima tu fe y refresca tu alma.
VJR

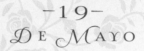

—19—
DE MAYO

Arrodíllate en oración en Su presencia,
Y verás que no hay necesidad de hablar,
Pues suavemente en comunión silenciosa,
Dios te brinda la paz que buscas.
HELEN STEINER RICE

Solo en Dios halla descanso mi alma;
de él viene mi salvación.
SALMOS 62:1

Hoy, anda por tu camino y
restaura la armonía.
VJR

–20–
DE MAYO

En el pétalo de una florecita
Que crece en una macetita,
¡Está el milagro y el misterio
De toda la creación y Dios!
HELEN STEINER RICE

El hombre es como una hierba,
sus días florecen como la flor del campo:
sacudida por el viento,
desaparece sin dejar rastro alguno.
SALMOS 103:15-16

Hoy, contempla la vida, muerte
y resurreción visible
en la naturaleza.
VJR

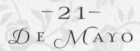

–21–
De Mayo

En todas las cosas
Ambas: grandes y pequeñas
Vemos la mano
de Dios en todo.
HELEN STEINER RICE

¡Levántate, SEÑOR! ¡Levanta,
oh Dios, tu brazo!
¡No te olvides de los indefensos!
SALMOS 10:12

Hoy, busca las huellas digitales
de Dios en todas partes.
VJR

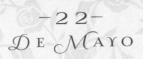

-22-
DE MAYO

Ayúdanos a todos a reconocer
Que hay una indescriptible fortaleza y poder
Cuando buscamos a Dios y lo encontramos
En nuestra hora de meditación.

HELEN STEINER RICE

Pero que todos los que te buscan
se alegren en ti y se regocijen ...

SALMOS 70:4

Hoy, pídele a Dios que te haga
conocer Su plan para ti ...
escucha atentamente. Puede ser
que Él está susurrando Su
plan para ti.

VJR

-23-
De Mayo

Aquel que hace un sacrificio
Para que otro prospere
Es realmente un verdadero discípulo
Del credo de nuestro bendito Salvador.
<small>HELEN STEINER RICE</small>

"Reúnanme a los consagrados,
a los que pactaron conmigo
mediante un sacrificio."
<small>SALMOS 50:5</small>

Hoy, contribuye para que alguien
llegue a ser una mejor persona.
VJR

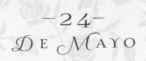

-24-
De Mayo

Bríndame fe y coraje,
Pon propósito a mis días,
Muéstrame cómo servirte,
En la forma más efectiva.

Helen Steiner Rice

Pon tu esperanza en el SEÑOR;
ten valor, cobra ánimo;
¡pon tu esperanza en el SEÑOR!

Salmos 27:14

Hoy, entrégate al Señor y ofrécele
el uso de tus manos, tu
corazón y tu mente.
VJR

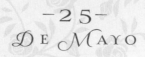

−25−
D E M A Y O

El amor de Dios permanece para siempre.
Que maravilloso es saberlo,
Aunque la marea de la vida
corre en tu contra
Y tu espíritu esté desalentado y agotado.
HELEN STEINER RICE

¡Grande es su amor por nosotros!
¡La fidelidad del SEÑOR es eterna!
SALMOS 117:2

Hoy, permite que el infinito amor
de Dios te ayude a mejorar
tu forma de vida.
VJR

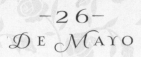

—26—
De Mayo

Dios en su gran misericordia
Nos alcanza a todos
Y perdona los errores
Y las faltas que hemos cometido.
HELEN STEINER RICE

Compadécenos, SEÑOR, compadécenos,
¡ya estamos hartos de que nos desprecien!
SALMOS 123:3

Hoy, supera y olvida las ofensas e
injusticias que te han hecho.
Busca y trata de entender el problema
en aquel que te ha herido.
VJR

Danos paciencia cuando las
cosas nos disturban,
Para que suavemente podamos esquivar
Palabras ligeras dichas con ira,
Que dejan corazones tristes y destrozados.

HELEN STEINER RICE

El que es paciente muestra
gran discernimiento;
el que es agresivo muestra
mucha insensatez.

PROVERBIOS 14:29

Hoy, sé amable en tu hablar, en tus
pensamientos y en tus acciones.

VJR

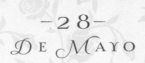

—28—
DE MAYO

La fe es la llave del cielo,
Y solo la tienen los hijos de Dios
La llave que abre las puertas
De esa bella ciudad de oro.

HELEN STEINER RICE

Son las puertas del SEÑOR,
por las que entran los justos.

SALMOS 118:20

Hoy, en lugar de dar un sermón
para que alguien escuche,
sé un sermón viviente para que alguien vea.

VJR

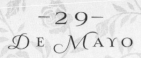

Cada vez que recojas un narciso
O recojas violetas en una colina
O toques una hoja o veas un árbol
Es Dios susurrando: «Éste soy Yo».
HELEN STEINER RICE

Recurran al SEÑOR y a su
fuerza; busquen siempre
su rostro. Recuerden las
maravillas que ha realizado,
sus señales, y los decretos que ha emitido.
SALMOS 105:4-5

Hoy, disfruta la obra manual de
Dios, Sus huellas digitales y
amoroso toque que abunda en la naturaleza.
VJR

–30–
De Mayo

La belleza del crepúsculo, la
frescura del amanecer,
El rocío frío sobre un aterciopelado césped.
Grande es nuestra pérdida si no ofrecemos
Una respuesta grata a cosas de este tipo.

HELEN STEINER RICE

Hará que tu justicia resplandezca
como el alba; tu justa causa,
come el sol de mediodía.

SALMOS 37:6

Hoy, responde con profunda
apreciación a escenas pintadas
por nuestro Maestro Artista.

VJR

Mientras escalas la escalera de la vida,
Lleva contigo la fe,
Y grande será tu felicidad
Mientras tus sueños más
queridos se hacen realidad.

HELEN STEINER RICE

Amen al SEÑOR, todos sus fieles; él
protege a los dignos de confianza, pero
a los orgullosos les da su merecido.

SALMOS 31:23

Hoy, que tu éxito sea sazonado
con conocimiento, buen
discernimiento, perseverancia,
contentamiento interior, optimismo,
confianza y amor a Dios. Cuando
pruebes tal éxito, de seguro
que disfrutarás el sabor.

VJR

–1–
DE JUNIO

Puedes programar el curso en tu vida
Con grandes ideales y amor,
Pues grandes ideales son como las estrellas
Que alumbran el cielo.
HELEN STEINER RICE

Porque en ti está la fuente de la vida,
y en tu luz podemos ver la
luz. Extiende tu amor
a los que te conocen, y tu justicia
a los rectos de corazón.
SALMOS 36:9-10

Hoy, reflexiona en la vida de
Cristo. ¡Sigue adelante!
- VJR

–2–
DE JUNIO

Donde hay amor,
Hay una canción
Para ayudar cuando las cosas
No van bien.
HELEN STEINER RICE

¡Cuánto te amo, SEÑOR, fuerza mía!
SALMOS 18:1

Hoy, canta en voz alta la
melodía en tu corazón.
VJR

–3–
DE JUNIO

Cuando pides a Dios por un regalo,
Sé grato si Él no envía
diamantes, perlas o riquezas,
sino el amor de real y verdaderos amigos.
HELEN STEINER RICE

Vale más la buena fama que
las muchas riquezas,
y más que oro y plata, la buena reputación.
PROVERBIOS 22:1

Hoy, crea una experiencia positiva
con aquellos que llegas
a hacer contacto.
VJR

—4—
DE JUNIO

¿De qué vale si un hombre alcanza su meta
Y gana todo el mundo, pero pierde su alma?,
¿Pues qué hemos ganado si al ganarlo,
Estuvimos tan ocupados para
ser buenos con un amigo?
HELEN STEINER RICE

El que es bondadoso se beneficia a sí mismo;
el que es cruel, a sí mismo se perjudica.
PROVERBIOS 11:17

Hoy, la inspiración más grande
que puedes realizar es inspirar
a otra persona.
VJR

—5—
DE JUNIO

No podemos tener todos los días brillantes,
Pero una cosa es verdad,
No hay nube tan obscura
¡Que el brillo del sol no pueda traspasar!
HELEN STEINER RICE

Quien se conduce con
integridad, anda seguro ...
PROVERBIOS 10:9

Hoy, haz un esfuerzo por disfrutar
cualquier cosa que debas realizar.
VJR

−6−
De Junio

Para vivir un poquito mejor,
Siempre busca perdonar.
Agrega un rayito de sol
Al mundo en el que vivimos.
Helen Steiner Rice

Si tu enemigo tiene hambre, dale de comer;
si tiene sed, dale de beber.
Proverbios 25:21

Hoy, agrega un brillo personal
al mundo que te rodea,
la clase de brillo que proviene de perdonar.
VJR

—7—
De Junio

A través de las profundidades de la pena
Emerge un amor comprensivo,
Y paz, verdad y consuelo
Que son enviados por Dios desde el cielo.
HELEN STEINER RICE

El sabio sube por el sendero de la vida ...
PROVERBIOS 15:24

Hoy, pídele a Dios que ayude
a tus pies cuando caes.
VJR

—8—
DE JUNIO

Hay felicidad en saber
Que mi corazón siempre será
Un lugar donde Te mantenga,
Y Te conserve cerca de mí.
<small>HELEN STEINER RICE</small>

Honra al SEÑOR con tus riquezas
y con los frutos de tus cosechas.
<small>PROVERBIOS 3:9</small>

Hoy, pertenece a Jesús, totalmente,
completamente, y
Absolutamente, haciendo aquello
que Él quiere que hagas.
VJR

-9-
DE JUNIO

Gracias, Dios mío, for el regalo gozoso
De sentir la suavidad del
alma, la voz susurrante
Que me habla muy dentro de mí
Y hace que mi corazón se regocije.

HELEN STEINER RICE

La esperanza frustrada aflige al corazón;
el deseo cumplido es un árbol de vida.

PROVERBIOS 13:12

Hoy, cuidadosamente pon atención
para poder escuchar la
voz serena y suave pero a la
vez llena de poder.

VJR

—10—
DE JUNIO

Querido Dios, enséñame a superar,
Y a orar constantemente hasta que
Mi corazón se llene con paz interior
¡Y aprenda a reconocer Tu voluntad!
HELEN STEINER RICE

A cada uno le parece correcto su proceder,
pero el SEÑOR juzga los corazones.
PROVERBIOS 21:2

Hoy, ora para conocer y aceptar
la voluntad de Dios.
VJR

—11—
De Junio

El éxito es una mezcla de
bondad, trabajo duro,
Buen humor y un buen sentido común,
Y las pequeñas obras bien
hechas de cada día,
Traerán su propia recompensa.
HELEN STEINER RICE

Cada uno se sacia del fruto de sus labios,
y de la obra de sus manos
recibe su recompensa.
PROVERBIOS 12:14

Hoy, recuerda el viejo dicho: «El
único lugar donde el éxito viene antes
del trabajo es el diccionario».
VJR

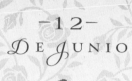

−12−
DE JUNIO

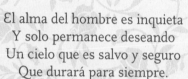

El alma del hombre es inquieta
Y solo permanece deseando
Un cielo que es salvo y seguro
Que durará para siempre.

HELEN STEINER RICE

Oh Dios, escucha mi clamor
y atiende a mi oración.
Desde los confines de la tierra te invoco,
pues mi corazón desfallece ...

SALMOS 61:1-2

Hoy, recuerda que no puedes
cambiar la realidad, pero sí
puedes controlar la manera con
que miras las cosas. Tu
actitud está bajo tu propio control.

VJR

-13-
DE JUNIO

Pon la brillantez del verano en
nuestros cerrados ojos,
Para reconocer en agotados
rostros que vemos al pasar
El corazón destrozado, la
soledad y la desesperación
Que una palabra de comprensión
haría más fácil el soportar.

HELEN STEINER RICE

Que sea tu gran amor mi consuelo,
conforme a la promesa que
hiciste a tu siervo.

SALMOS 119:76

Hoy, proponte escuchar con gran
atención. Realmente escucha
y comprende lo que la otra
persona está diciendo.

VJR

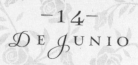

-14-
DE JUNIO

Con frecuencia durante un día ocupado,
Pausa por un minuto y ora silenciosamente,
Menciona los nombres de aquellos que amas
Y amistades que quieres y atesoras.

HELEN STEINER RICE

El SEÑOR, ha escuchado mis ruegos;
el SEÑOR ha tomado en cuenta mi oración.

SALMOS 6:9

Hoy, devota una porción de tus
oraciones para expresar
sincera gratitud a Dios por el
privilegio de disfrutar las
amistades, con Él y con los demás.

VJR

—15—
De Junio

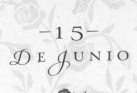

Los milagros están en todo lugar,
Al alcance de nuestra vista, tacto y oído,
Proclamando a todo hombre incrédulo
Que en Dios todas las cosas
viven nuevamente.

HELEN STEINER RICE

*¿Quién puede proclamar las
proezas del SEÑOR,
o expresar toda su alabanza?*

SALMOS 106:2

Hoy, difunde las Buenas Nuevas.

VJR

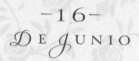

-16-
DE JUNIO

Que siempre sea consciente
En todo lo que hago
Que el conocimiento proviene de aprender,
Y la sabiduría proviene de Ti.
HELEN STEINER RICE

Porque el SEÑOR da la sabiduría;
conocimiento y ciencia brotan de sus labios.
PROVERBIOS 2:6

Hoy, saca provecho de pequeñas
oportunidades y tareas.
Éllas podrían ser el comienzo
de grandes cosas.
VJR

—17—
DE JUNIO

El amor no puede ser comprado,
No tiene precio y es gratis.
El amor, como fantasía pura,
Es un dulce misterio.

HELEN STEINER RICE

Por sobre todas las cosas cuida tu corazón,
porque de él mana la vida.

PROVERBIOS 4:23

Hoy, recuerda que el amor
proviene del cielo porque
Dios es amor.

VJR

-18-
D E J U N I O

Como las rosas en un jardín,
La bondad llena el aire
Con una pequeña dulzura
Mientras toca a todas partes.
HELEN STEINER RICE

La lengua que brinda consuelo
es árbol de vida;
la lengua insidiosa deprime el espíritu.
PROVERBIOS 15:4

Hoy, suaviza algún corazón
duro con tu bondad. ¿Cuál
Prefieres, un viento violento o
una brisa suave; un severo
golpe o una caricia? La bondad
siempre es la deseada elección.

VJR

—19—
De Junio

La vida es un jardín,
Los amigos buenos son las flores,
Y momentos disfrutados juntos
Son las horas más felices de la vida.
HELEN STEINER RICE

Confía siempre en él, pueblo
mío; ábrele tu corazón
cuando estés ante él. ¡Dios
es nuestro refugio!
SALMOS 62:8

Hoy, recuerda memorias del
camino. Vuelve a vivirlas y
restaura amistades que atesoras.
VJR

–20–
DE JUNIO

Haciendo felices a los demás
También seremos felices,
Porque la felicidad que das
Retorna a brillar en ti.
HELEN STEINER RICE

Haz brillar tu rostro sobre tu siervo;
enséñame tus decretos.
SALMOS 119:135

Hoy, crea felicidad. La felicidad
es creada, nunca es
encontrada por casualidad.
VJR

—21—
De junio

El amor de Dios es como un puerto
Donde nuestras almas pueden
encontrar dulce reposo
De la lucha y la tensión
¡De la rápida y vana conquista de la vida!
Helen Steiner Rice

¡Ya puedes, alma mía, estar tranquila,
que el SEÑOR ha sido bueno contigo!
Salmos 116:7

Hoy, pídele a Dios que sea tu
portal de llamada, Su amor,
tu puerto y tu destino.
VJR

–22–
DE JUNIO

El amor que dura para siempre
Debe ser hecho de algo fuerte,
La clase de fortaleza que se recoge
Cuando el corazón no escucha una canción.
HELEN STEINER RICE

Mira, SEÑOR, cuánto amo tus preceptos;
conforme a tu gran amor, dame vida.
SALMOS 119:159

Hoy, ora para que el amor
verdadero viva para siempre.
Conserva el amor vivo en tu
corazón y en tu vida.
VJR

-23-
DE JUNIO

Dios se acerca a nosotros
Cuando nuestras almas están en reposo ...
Como pétalos que caen silenciosamente
De una rosa en completo florecer.
HELEN STEINER RICE

El SEÑOR es mi pastor, nada me falta;
en verdes pastos me hace descansar.
Junto a tranquilas aguas me conduce;
me infunde nuevas fuerzas ...
SALMOS 23:1-3

Hoy, haz que tu vida sea un
santuario viviente para Jesús.
VJR

−24−
DE JUNIO

Dios nos pide que hagamos
lo mejor que podamos,
Pero Él nos acepta cuando erramos,
Pues no importa lo que hagamos,
Su amor y verdad prevalecen.
HELEN STEINER RICE

No me niegues, SEÑOR, tu misericordia;
que siempre me protejan tu
amor y tu verdad.
SALMOS 40:11

Hoy, mira hacia el futuro y que se
acreciente tu reconocimiento
del perdón de Dios. El pasado, pasado
es. Él nos perdona y nos ama.
VJR

-25-
DE JUNIO

Los padres son maravillosos
En millones de formas,
Y merecen amorosos cumplidos
Y elogios de aprecio.
HELEN STEINER RICE

La corona del anciano son sus nietos ...
PROVERBIOS 17:6

Hoy, quiere a tu propio padre y
estima a todos los padres.
Los padres son educadores,
modelos, proveedores y fuentes
de amor para sus hijos. Diariamente,
ellos sostienen la labor
de héroes en los ojos de sus hijos.
VJR

–26–
DE JUNIO

Padre, soy consciente
Que no puedo hacer nada solo,
Entonces toma mi mano y agárrala fuerte
Porque no puedo andar solo.
HELEN STEINER RICE

Aunque pase yo por grandes
angustias, tú me darás vida;
contra el furor de mis enemigos
extenderás la mano:
¡tu mano derecha me pondrá a salvo!
SALMOS 138:7

Hoy, cuando camines, camina
con Jesús a tu lado.
VJR

–27–
DE JUNIO

Cada vez que mires hacia el cielo
O mires las coposas nubes pasar
O toques una hoja o mires un árbol,
Es Dios susurrando: «Éste soy Yo».
HELEN STEINER RICE

Los cielos cuentan la gloria de Dios,
el firmamento proclama la
obra de sus manos.
SALMOS 19:1

Hoy, no importa dónde mires,
Dios está cerca de ti.
VJR

–28–
De Junio

Benditos son aquellos
Que caminan en amor,
Ellos también caminan
con el Dios del cielo.
<small>HELEN STEINER RICE</small>

*Tu gran amor lo tengo presente,
y siempre ando en tu verdad.*
<small>SALMOS 26:3</small>

Hoy, mantén una actitud amorosa.
VJR

—29—
De Junio

Otra colina y algunas veces una montaña,
Pero al instante de alcanzar la cima
Tu cansancio es aliviado
Y encuentras la paz que buscas.

HELEN STEINER RICE

Que se aparte del mal y haga el bien;
que busque la paz y la siga.

SALMOS 34:14

Hoy, ora por la paz dentro de
ti, por tu vecino, por tu
comunidad y por el mundo.

VJR

—30—
DE JUNIO

Que el amor de Dios te rodee,
Que Su paz esté a tu alrededor,
Y que tu día sea bendito
Con cada cosa que te dé felicidad.
HELEN STEINER RICE

SEÑOR, yo amo la casa donde vives,
el lugar donde reside tu gloria.
SALMOS 26:8

Hoy, conoce mejor a Dios. Cada
uno está hecho a la imagen
de Dios. Al conocer más a las
personas, conocerás más a Dios.
VJR

— 1 —
DE JULIO

Donde hay amor
El corazón es liviano,
Donde hay amor
El día es brillante.

HELEN STEINER RICE

*Por la mañana hazme saber de tu gran
amor, porque en ti he puesto mi confianza ...*
SALMOS 143:8

Hoy, no habrá pesadez en el
corazón y no prevalecerá la
obscuridad porque el amor abunda.
VJR

– 2 –
De Julio

Cuando los problemas te rodeen
Y nadie entienda,
Trata de poner tus preocupaciones
En las manos abiertas de Dios.
HELEN STEINER RICE

Odio a los que veneran ídolos vanos;
yo, por mi parte, confío en ti, SEÑOR.
SALMOS 31:6

Hoy, concéntrate en ser
optimista, no pesimista.
VJR

—3—
De Julio

Cuando todo está tranquilo
Y estamos perdidos en meditación,
Entonces nuestra alma está preparada
Para una profunda dedicación.
HELEN STEINER RICE

*¡Cuánto amo yo tu ley! Todo
el día medito en ella.*
SALMOS 119:97

Hoy, apaga el ruido del diario vivir
y escucha a esa silenciosa
voz muy dentro de ti. Medita en silencio.
VJR

—4—
DE JULIO

¡Que las estrellas y bandas por siempre
Representen un símbolo de
Una libre y poderosa nación
Construída en la fe, la verdad y el amor!
HELEN STEINER RICE

La justicia enaltece a una nación,
pero el pecado deshonra a todos los pueblos.
PROVERBIOS 14:34

Hoy, ora por inspiración y guía
para los líderes de nuestras
ciudades, estados y nación.
VJR

— 5 —
De Julio

Hay gran consuelo en el pensamiento
Que la pena, el dolor y la desgracia
A veces son enviados a nuestras vidas
Para ayudar al crecimiento
de nuestras almas.
HELEN STEINER RICE

El temor del SEÑOR es un baluarte seguro
que sirve de refugio a los hijos.
PROVERBIOS 14:26

Hoy, acepta tus propias decepciones sin
quejarte. Las lluvias son necesarias para el
crecimiento de las flores, y algunas lágrimas
son necesarias en nuestras vidas para
promover nuestro crecimiento interno.
VJR

-6-

D E J U L I O

Gracias, Dios mío, por borrar
Las nubes oscuras de mi mente
Y por dejar solo luz del sol
Y gozo del corazón ...
HELEN STEINER RICE

Cada corazón conoce sus propias
amarguras, y ningún extraño
comparte su alegría.
PROVERBIOS 14:10

Hoy, muestra un corazón que no es egoísta.
VJR

–7–
DE JULIO

Enséñame, querido Dios,
A no adelantarme rápidamente,
En lugar enséñame a orar por Tu guía
Y a confiar en Ti.
HELEN STEINER RICE

El buen juicio hace al hombre paciente,
su gloria es pasar por alto la ofensa.
PROVERBIOS 19:11

Hoy, no te preocupes. La preocupación es
como pasearse en un carrusel: sigues dando
vueltas, pero no llegas a ningún lugar.
VJR

—8—
DE JULIO

En las alas de la oración
Nuestras cargas toman vuelo,
Nuestro peso de preocupación
Se hace más llevadero.
HELEN STEINER RICE

Encomienda al SEÑOR tus
afanes y él te sostendrá;
no permitirá que el justo caiga ...
SALMOS 55:22

Hoy, busca a Dios en cada
criatura y en cada flor.
VJR

— 9 —
DE JULIO

Nuestro Padre en el cielo
Está bien enterado
De nuestras derrotas y defectos
Y de las cargas que soportamos.
HELEN STEINER RICE

Podrán desfallecer mi cuerpo y mi espíritu,
pero Dios fortalece mi corazón;
él es mi herencia eterna.
SALMOS 73:26

Hoy, implora a Dios que enmiende tu
corazón destrozado, que lo restaure
con Sus amorosas manos.
VJR

—10—
De Julio

A menudo nos paramos en
los cruces de la vida
Y vemos lo que pensamos es el fin,
Pero Dios tiene una mayor visión
Y Él nos dice que este cruce
es solo una curva.
HELEN STEINER RICE

SEÑOR, hazme conocer tus caminos,
muéstrame tus sendas.
SALMOS 25:4

Hoy, evita cualquier señal de autocompasión.
VJR

— 1 1 —
De Julio

Nunca temas el mañana
O lo que el futuro traerá,
Solo ora por fortaleza y corage
Y confía en Dios en todas las cosas.
<small>Helen Steiner Rice</small>

Reconócelo en todos tus caminos,
y él allanará tus sendas.
<small>Proverbios 3:6</small>

Hoy, reconoce tus limitaciones
y tu dependencia en Dios,
recuerda que Él proveerá la
fortaleza necesaria para que
trates una y otra vez. Con cada día
puedes empezar un nuevo día.
VJR

–12–
DE JULIO

Al amar más, encontrarás
Que la vida es buena y las
amistades son bondadosas,
Y solo lo que damos
Nos enriquece día a día.
HELEN STEINER RICE

¡De todo hombre se espera lealtad! ...
PROVERBIOS 19:22

Hoy, mantén un espíritu de
cooperación, armonía,
fidelidad y alianza.
VJR

-13-
De Julio

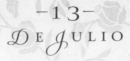

Que nunca me dé a la
autocompasión y la pena,
Que siempre tenga esperanza
en un mejor mañana,
Que me mantenga firme, venga lo que venga,
Seguro en el conocimiento
que solo tengo que orar.

HELEN STEINER RICE

El SEÑOR es compasivo y justo;
nuestro Dios es todo ternura.
El SEÑOR protege a la gente sencilla;
estaba yo muy débil, y él me salvó.

SALMOS 116:5-6

Hoy, no te rindas, sigue adelante.
Mira hacia adelante, no
hacia atrás. Lamentar es vano.

VJR

-14-
De Julio

¡Que Aquel que envía las gotas de la lluvia
Y también hace el brillo del sol,
Se asome desde el cielo y te
bendiga en abundancia
Y esté muy cerca de ti!
HELEN STEINER RICE

*... trazaste los límites de la tierra, y
creaste el verano y el invierno.*
SALMOS 74:17

Hoy, que la única persona que
trates de impresionar sea Dios.
VJR

–15–
DE JULIO

Querido Dios, haznos más concientes
De pequeñas gracias diarias
Que vienen a nosotros con dulces sorpresas
Desde lugares nunca soñados.
HELEN STEINER RICE

... mi Dios, en ti confío ...
SALMOS 25:2

Hoy, pregúntate: «¿Qué lecciones
se pueden aprender de la
experiencia de este día?»
VJR

—16—
DE JULIO

Pequeñas oraciones por pequeñas cosas
Vuelan hacia el cielo en pequeñas alas,
Y no oración es tan grande o pequeña
Para pedirle a Dios, Quien
las escucha a todas.
HELEN STEINER RICE

Cuídame como a la niña de tus ojos;
escóndeme bajo la sombra de tus alas.
SALMOS 17:8

Hoy, esta misma mañana, arrodíllate
para encontrar y saludar
a Dios. Nadie es más grande en
estatura que cuando se
arrodilla en oración a Dios.
VJR

—17—
De Julio

La vida es una mezcla de
Lluvia y brillos de sol,
Lágrimas y risas,
Placer y dolor.
<small>Helen Steiner Rice</small>

*También de reírse duele el corazón,
y hay alegrías que acaban en tristeza.*
<small>Proverbios 14:13</small>

Hoy, acepta decepciones así
como también gozos ... hasta una
hermosa rosa tiene espinas.

VJR

-18-
DE JULIO

Verdadera comunicación
Es alcanzada solamente a través de Dios,
A Él los pensamientos que no
podemos expresarle,
Le son sabidos y comprendidos.
HELEN STEINER RICE

¡Cuán preciosos, oh Dios, me
son tus pensamientos!
¡Cuán inmensa es la suma de ellos!
SALMOS 139:17

Hoy, sé leal en las cosas pequeñas
y sin poder evitarlo serás
leal en las cosas grandes.
VJR

19
DE JULIO

Permite que Te sirva cada día
Y que Te sienta cerca de mí cuando oro ...
¡Querido Dios del cielo, escucha mi oración,
Y hazme digno de Tu amor!
HELEN STEINER RICE

Pero tú, oh Dios, estás sobre los cielos,
¡tu gloria cubre toda la tierra!
SALMOS 57:5

Hoy, ayuda a vestir las ovejas de
Dios y alimenta sus corderos.
VJR

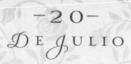

—20—
DE JULIO

Es sorprendente e increíble,
Pero es tan verdadero,
Dios nos ama y nos entiende a todos
¡Y eso significa a ti y a mí!
<small>HELEN STEINER RICE</small>

Hijo mío, no desprecies la
disciplina del SEÑOR,
ni te ofendas por sus represiones.
Porque el SEÑOR disciplina a los que ama,
como corrige un padre a su hijo querido.
<small>PROVERBIOS 3:11-12</small>

Hoy, respeta a cada persona, hasta
a aquellos que parezcan ser
diferentes a ti, pues todos somos
creados por el mismo Padre.
VJR

–21–
De Julio

Muchas cosas sorprenden
nuestra rutina diaria,
Cosas que no planeamos
pasan de improviso ...
Una inesperada palabra de
bondad, un alago o dos
Hacen resplandecer los ojos, como
gotas de cristal del rocío.

HELEN STEINER RICE

Como agua fresca a la garganta reseca son
las buenas noticias desde lejanas tierras.

PROVERBIOS 25:25

Hoy, abre la ventana de tu corazón
y deja que tu luz y amor
resplandezcan. La felicidad que
compartes con los demás
retornará hacia ti.

VJR

-22-
DE JULIO

En este inestable mundo de incredulidad
Estamos llenos de dudas y
preguntas temerosas.
Oh, danos fe en las cosas
que no podemos ver
Así podemos sentir Tu presencia cercana.

HELEN STEINER RICE

Te abriste camino en el mar; te hiciste paso
entre las muchas aguas, y no
se hallaron tus huellas.

SALMOS 77:19

Hoy, desarrolla una conciencia espiritual.

VJR

–23–
DE JULIO

En este mundo problemático
es refrescante encontrar
Alguien que toma tiempo
para ser bondadoso.
Alguien que brinda una palabra u obra
Extendiendo una mano bondadosa
en una hora de necesidad.

HELEN STEINER RICE

Servir al pobre es hacer un
préstamo al SEÑOR;
Dios pagará esas buenas acciones.

PROVERBIOS 19:17

Hoy, brinda tiempo al enfermo, al
necesitado, al desamparado, pues
si los ignoras, ignoras a Dios.

VJR

–24–
DE JULIO

Si practicas la bondad
En todo lo que dices y haces,
El Señor envolverá Su bondad
Alrededor tuyo y de tu corazón ...
HELEN STEINER RICE

El que va tras la justicia y el amor
halla vida, prosperidad y honra.
PROVERBIOS 21:21

Hoy, sé una fuente de aliento.
VJR

-25-
DE JULIO

El amor de Dios es como un fuerte,
Y buscamos protección allí
¡Cuando los oleajes de las tribulaciones
Parecieran que nos ahogan en desesperación!
HELEN STEINER RICE

En su angustia clamaron al SEÑOR,
y él los saco de su aflicción.
Cambió la tempestad
en suave brisa: se sosegaron
las olas del mar.
SALMOS 107:28-29

Hoy, recuerda que con solo una
caricia, un menos (-) puede
convertirse en un más (+).
VJR

-26-
DE JULIO

Dios, bendice a nuestra nación
Y nos mantenemos seguros y libres,
Salvos de todos nuestros enemigos,
Donquiera se encuentren.
HELEN STEINER RICE

Dichosa la nación, cuyo Dios es el SEÑOR,
el pueblo que escogió por su heredad.
SALMOS 33:12

Hoy, ora por soluciones a
problemas nacionales e
internacionales.
VJR

—27—
De Julio

La fe lo hace todo posible
Para soportar tranquilamente
El violento mundo alrededor de nosotros
Pues en Dios estamos seguros.

HELEN STEINER RICE

Por eso mi corazón se alegra, y se regocijan
mis entrañas; todo mi ser se
llena de confianza.

SALMOS 16:9

Hoy, confía en Dios con profunda
convicción. Pídele que se
quede a tu lado.
VJR

–28–
D E J U L I O

Cada evento feliz
Y cada descanso
Son pequeños regalos de Dios del cielo
Que son nuestros para tomarlos gratis.
<small>HELEN STEINER RICE</small>

Deléitate en el SEÑOR,
y él te concederá los deseos de tu corazón.
<small>SALMOS 37:4</small>

Hoy, repítete a menudo: «Soy
alguien especial, un individuo
único creado por Dios y lleno de potencial».
VJR

-29-
De Julio

Enfrenta solo el presente,
Nunca des un paso al mañana,
Pues Dios nos pide que confiemos solo en Él
Y nunca nos prestemos la pena del mañana.
HELEN STEINER RICE

En él se regocija nuestro corazón,
porque confiamos en su santo nombre.
SALMOS 33:21

Hoy, sé flexible, adaptable y receptivo.
VJR

Un mejor mundo para toda la humanidad
Donde estemos seguros y libres
No debe empezar con nuestra gente,
Sino dentro de "mi" corazón.
HELEN STEINER RICE

El SEÑOR observa desde el cielo
y ve a toda la humanidad.
SALMOS 33:13

Hoy, vive de acuerdo al principio:
«La paz en el mundo empieza
conmigo y dentro de mí».
VJR

–31–
De Julio

Alégrate de haber caminado
Con corage cada día,
Alégrate de haber tenido fortaleza
Para cada paso del camino.
<small>Helen Steiner Rice</small>

Aborrezco a los hipócritas, pero amo tu ley.
<small>Salmos 119:113</small>

Hoy, que cada paso que tomes
te acerque más a caminar
como Jesús caminó.
VJR

—1—
DE AGOSTO

Una palabra comprensiva
Dicha en una hora difícil
Es un inesperado milagro
Que hace la vida más valiosa.

<small>HELEN STEINER RICE</small>

Mi boca hablará con sabiduría;
mi corazón se expresará con inteligencia.

<small>SALMOS 49:3</small>

Hoy, habla palabras de compasión.
Tú puedes ayudar a
aliviar la pena de un amigo.

VJR

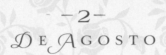

–2–
De Agosto

Cuando la puerta de nuestros corazones
Esté ampliamente abierta,
La brillantez del amor
Ingresará.

HELEN STEINER RICE

Examíname, oh Dios, y sondea mi corazón;
ponme a prueba y sondea mis pensamientos.

SALMOS 139:23

Hoy, practica encanto interior.
Ello cultiva el amor. El amor
irradia desde el interior.

VJR

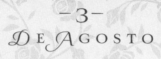

–3–
DE AGOSTO

Cuando me mantengo en tranquilidad
Y solo pienso pensamientos de paz
Y si me quedo en silencio,
Mis incansables murmullos cesan.

HELEN STEINER RICE

Quédense quietos, reconozcan
que yo soy Dios.

SALMOS 46:10

Hoy, acéptate a ti mismo con
amorosa bondad. Considérate
a ti mismo. Toma tiempo para pensar
tranquilamente y en paz y disfruta
de la serenidad que emerge.

VJR

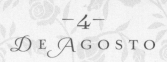

~4~
De Agosto

No hay problema tan grande
Ni pregunta tan pequeña,
Solo pídele a Dios con fe
Y Él todas las responderá.

HELEN STEINER RICE

Pon en manos del SEÑOR todas tus obras,
y tus proyectos se cumplirán.

PROVERBIOS 16:3

Hoy, regocíjate en el conocimiento
que Dios escucha cada
oración, sin importarle la
magnitud del pedido.

VJR

Gracias, Dios, por enviar
Un pensamiento feliz en mi camino
Para desintegrar mi depresión
En un triste día.
HELEN STEINER RICE

La angustia abate el corazón del hombre,
pero una palabra amable lo alegra.
PROVERBIOS 12:25

Hoy, quizás no veas ni un rayo
de sol, pero recuerda que
el sol todavía está allí.
VJR

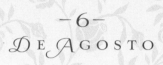

–6–
DE AGOSTO

Gracias, Dios, por las pequeñas cosas
Que a menudo vienen a nuestro camino.
Las cosas que no apreciamos
Y que no mencionamos cuando oramos.
HELEN STEINER RICE

Más vale tener poco con justicia
que ganar mucho con injusticia.
PROVERBIOS 16:8

Hoy, agradece a Dios por tus
abundantes bendiciones.
VJR

–7–
DE AGOSTO

Para poder conocer mejor a Dios
Y sentir Su silencioso poder,
Mantengámonos en silencio diariamente
En una hora de meditación.
HELEN STEINER RICE

Sean, pues, aceptables ante ti mis palabras
y mis pensamientos, oh SEÑOR,
roca mía y redentor mío.
SALMOS 19:14

Hoy, enriquece tu vida. Toma tiempo
para conocer mejor a Dios.
VJR

– 8 –
DE AGOSTO

La paz empieza dentro de nuestro ser
Donde Dios reside más allá de nuestra vista,
Y la paz es algo que nunca encontrarás
Cuando estés en guerra en tu
propio corazón y mente.
HELEN STEINER RICE

Y ahora por mis hermanos y amigos te digo:
¡Deseo que tengas paz!
SALMOS 122:8

Hoy, la paz estará contigo cuando
invites a Dios a vivir dentro de ti.
VJR

—9—
DE AGOSTO

Oh Dios, quien hizo el verano
Y colmó amorosamente la tierra con belleza,
Colma amorosamente nuestros
corazones con gratitud
Y devoción a nuestro deber.

HELEN STEINER RICE

Entren por sus puertas con acción
de gracias; vengan a sus atrios
con himnos de alabanza;
denle gracias, alaben su nombre.

SALMOS 100:4

Hoy, crece en gratitud.
VJR

−10−
De Agosto

¡Al dar más,
Recibes más.
Al reír más,
Menos te inquietas!
<small>Helen Steiner Rice</small>

Pero los desposeídos heredarán la tierra
y disfrutarán de gran bienestar.
<small>Salmos 37:11</small>

Hoy, ríete de tus errores.
VJR

–11–
DE AGOSTO

Haznos concientes que Tu amor
viene en muchas formas
Y no solo en felices, relucientes
y brillantes días ...
A menudo permites problemas
que tontamente evitamos,
Sin darnos cuenta que es tu voluntad
Y deberíamos aceptarlos gozosamente.
HELEN STEINER RICE

No corregir al hijo es no quererlo;
amarlo es disciplinarlo.
PROVERBIOS 13:24

Hoy, piensa que hasta en días difíciles,
Dios te transmite Su amor y envía
disciplina necesaria en tu vida.

VJR

−12−
De Agosto

Dios mío no permitas que tropiece,
No permitas que caiga y me rinda,
Señor, por favor ayúdame a
encontrar mi trabajo
Y ayúdame a sobrellevarlo.
<small>Helen Steiner Rice</small>

Hijo mío, conserva el buen
juicio; no pierdas de vista
la discreción ... Podrás recorrer
tranquilo tu camino,
y tus pies no tropezarán.
<small>Proverbios 3:21-23</small>

Hoy, practica perseverancia.
VJR

Como un águila que surca
Tú también puedes volar más alto
Que las tormentas de la vida que te rodean
En las alas de la oración y el amor.
HELEN STEINER RICE

Ten compasión de mí, oh Dios;
ten compasión de mí,
que en ti confío. A la sombra
de tus alas me refugiaré,
hasta que haya pasado el peligro.
SALMOS 57:1

Hoy, una oración y una expresión
de amor pueden levantar
un espíritu deprimido.
VJR

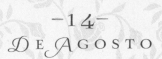

–14–
DE AGOSTO

Alegrémonos al resolver
Nuestros problemas, uno a uno,
Sin pedir nada para el mañana, excepto,
«Que Tu voluntad sea hecha».
HELEN STEINER RICE

No te jactes del día de mañana,
porque no sabes lo que el día traerá.
PROVERBIOS 27:1

Hoy, concéntrate en resolver
un problema a la vez.
VJR

-15-
DE AGOSTO

No son las cosas que pueden ser compradas
Las grandes riquezas de esta vida,
Son solo los pequeños regalos del corazón
Que el dinero no puede igualar.
HELEN STEINER RICE

Más vale tener poco, con temor del SEÑOR,
que muchas riquezas con grandes angustias.
PROVERBIOS 15:16

Hoy, aprecia tus tesoros: fe, familia
y amistades que son los
tesoros de más valor y no están
disponibles para compra.
VJR

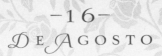

—16—
DE AGOSTO

A veces pienso que la amistad
es como una alegre canción ...
Que hace de los buenos días mejores,
Y ayuda cuando las cosas no van bien.
HELEN STEINER RICE

El SEÑOR es mi fuerza y mi escudo;
mi corazón en él confía;
de él recibo ayuda. Mi corazón
salta de alegría,
y con cánticos le daré gracias.
SALMOS 28:7

Hoy, una canción en el corazón
pondrá una sonrisa en el rostro,
así como también lo hará
llamar a una amistad.
VJR

–17–
DE AGOSTO

Ayuda a toda la gente por doquier
Quienes a menudo deben vivir separados
¡A saber que están juntos
En el refugio del corazón!
HELEN STEINER RICE

Engrandezcan al SEÑOR conmigo;
exaltemos a una su nombre.
SALMOS 34:3

Hoy, a pesar que los seres queridos
están a kilómetros de distancia,
piensa en ellos con oraciones
y cariñosos recuerdos.

VJR

–18–
DE AGOSTO

El amor de Dios es como una isla
En el océano de la vida, extenso y amplio.
Un pacífico y tranquilo refugio
De la incansable, marea creciente.
HELEN STEINER RICE

Presuroso volaría a mi refugio,
para librarme del viento
borrascoso y de la tempestad.
SALMOS 55:8

Hoy, permite que el amor de Dios
y Sus brazos eternos te
ofrezcan seguridad y refugio.
VJR

–19–
DE AGOSTO

¡Dios no desconoce a extraños,
Él nos ama a todos,
al pobre, al rico,
al grande, al pequeño!
HELEN STEINER RICE

El rico y el pobre tienen esto en común:
a ambos los ha creado el SEÑOR.
PROVERBIOS 22:2

Hoy, presenta a alguien a Dios. Dios ama
conocer nuevos amigos.
VJR

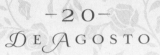

–20–
DE AGOSTO

¡La fe mueve montañas,
Y no hay nada que Dios no pueda hacer.
¡Así que empieza hoy con fe en tu corazón
Y escala hasta que tus sueños
se hagan realidad!
Helen Steiner Rice

Señor, tú has sido nuestro refugio
generación tras generación.
Desde antes que nacieran los
montes y que crearas
la tierra y el mundo, desde
los tiempos antiguos y
hasta los tiempos postreros, tú eres Dios.
Salmos 90:1-2

Hoy, evita hacer montañas de
pequeños cúmulos de tierra.
VJR

—21—
DE AGOSTO

Danos seguridad
Cuando todo va mal,
Así nuestra fe se mantiene firme
Y nuestra esperanza y corage
se mantienen fuertes.
HELEN STEINER RICE

Cobren ánimo y ármense de valor,
todos los que en el SEÑOR esperan .
SALMOS 31:24

Hoy, sé un espejo viviente,
refleja tu fe en Dios.
VJR

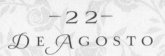

–22–
DE AGOSTO

La fe que soporta todo lo que viene
Es nacida de penas y pruebas,
Y fortalecida por diaria disciplina
Y es nutrida por la negación personal.
HELEN STEINER RICE

De angustia se me derrite el
alma: susténtame conforme
a tu palabra. Manténme alejado
de caminos torcidos;
concédeme las bondades de tu ley.
SALMOS 119:28-29

Hoy, aprende de tus experiencias
y errores del ayer.
VJR

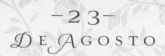

-23-
DE AGOSTO

Cada hogar
Es bendito de una manera especial
Cuando Dios llega a ser
Un invitado diario.
HELEN STEINER RICE

Dios nos tenga compasión y nos bendiga;
Dios haga resplandecer su
rostro sobre nosotros.
SALMOS 67:1

Hoy y cada día, pon la alfombra
de bienvenida para Jesús.
Invítalo a entrar en cada
corazón y cada hogar.
VJR

-24-
DE AGOSTO

Cuando realizas lo que sueles realizar
Con voluntad y una sonrisa,
Cualquier cosa que hagas
Será doblemente valiosa.
HELEN STEINER RICE

Me agrada, Dios mío, hacer tu voluntad;
tu ley la llevo dentro de mí.
SALMOS 40:8

Hoy, mantén esperanza en tu vida
y una sonrisa en tu rostro.
VJR

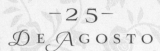

−25−
De Agosto

Pensamientos alegres son como rayos del sol
Alumbrando los temores más obscuros,
Pues cuando el corazón está feliz
No hay tiempo para lágrimas.

Helen Steiner Rice

El corazón alegre se refleja en el rostro,
el corazón dolido deprime el espíritu.

Proverbios 15:13

Hoy, llena un vacío en la vida de
alguien en lugar de agregar
a la soledad.

VJR

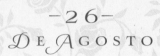

–26–
DE AGOSTO

Entre los grandiosos y gloriosos regalos
Que nuestro Padre del cielo envía
Está el regalo de la comprensión
Que encontramos en amorosas amistades.
HELEN STEINER RICE

En todo tiempo ama el amigo;
para ayudar en la adversidad
nació el hermano.
PROVERBIOS 17:17

Hoy, encuentra a Jesús en la gente que
encuentres y en eventos diarios.
VJR

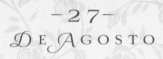

–27–
De Agosto

Cuando te sientas desmoralizado,
Busca a Dios en meditación,
Pues una pequeña conversación con Jesús
Es una medicina infalible.
HELEN STEINER RICE

... pues amo tus pensamientos,
y en ellos me regocijo.
Yo amo tus mandamientos ...
¡quiero meditar en tus decretos!
SALMOS 119:47-48

Hoy, recuerda que una disposición
alegre es una muestra exterior
de un estado interior.
VJR

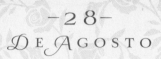

–28–
De Agosto

De la forma como usamos la adversidad
Es estrictamente nuestra elección,
Pues la adversidad en las manos de Dios
Puede hacer regocijar al corazón.
HELEN STEINER RICE

Me alegro y me regocijo en tu
amor, porque tú has visto
mi aflicción y conoces las
angustias de mi alma.
SALMOS 31:7

Hoy, demuestra dependencia en
Dios, pues es tan importante
como tu capacidad.
VJR

—29—
DE AGOSTO

El tiempo no puede detenerse
En su rápido vuelo sin fin
Pues la ancianidad sigue a la juventud
Como el día viene después de la noche.

HELEN STEINER RICE

No me rechaces cuando llegue a viejo;
no me abandones cuando
me falten las fuerzas.

SALMOS 71:9

Hoy, planifica para el futuro pues
eres el arquitecto de tu vida.

VJR

El amor tiene todas las cualidades
De una luz eterna
Que mantiene la vestidura del alma
Limpia, pura y brillante.
HELEN STEINER RICE

La exposición de tus palabras nos da luz,
y da entendimiento al sencillo.
...Vuélvete a mí, y tenme compasión
como haces siempre con los
que aman tu nombre.
SALMOS 119:130,132

Hoy, modela tu vida como una
vela encendida, irradia luz a
quienes te rodean.
VJR

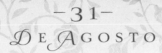

—31—
DE AGOSTO

Solamente cuando nuestros sentidos confían
Reconocemos que es la fe y
no los sentimientos,
Pues toma gran fe esperar pacientemente,
Creyendo que Dios no viene ni
muy pronto, ni muy tarde.

HELEN STEINER RICE

Cuando siento miedo, pongo
en ti mi confianza.
Confío en Dios y alabo su palabra;
confío en Dios y no siento miedo.
¿Qué puede hacerme un simple mortal?

SALMOS 56:3-4

Hoy, aprende a sacar provecho
de tus pérdidas. No es gran
cosa capitalizar de las ganancias ... es más
digno avanzar después de retroceder.

VJR

— 1 —

DE SEPTIEMBRE

No puedes arrancar una rosa,
Toda fragante con el rocío,
Sin que algo de su fragancia
Se quede en ti.
HELEN STEINER RICE

Panal de miel son las palabras amables:
endulzan la vida y dan salud al cuerpo.
PROVERBIOS 16:24

Hoy, sé amable y bondadoso, y
pronto descubrirás que la
bondad y la amabilidad se
han hecho parte tuya.
VJR

–2–
DE SEPTIEMBRE

En la ciudad aglomerada,
Donde la vida es rápida y veloz,
¿Has buscado a Jesús
En las ocupadas calles?
HELEN STEINER RICE

No escondas tu rostro de este siervo tuyo ...
SALMOS 69:17

Hoy, ten la seguridad que no estás
solo, el Señor está contigo.
VJR

—3—
DE SEPTIEMBRE

Cuando me encuentro en problemas
Y perdido en profunda desesperación,
Recojo todos mis problemas
Y voy a Dios en oración.
HELEN STEINER RICE

Atenderá a la oración de los desamparados,
y no desdeñará sus ruegos.
SALMOS 102:17

Hoy, considera esta pregunta:
«¿Qué es lo que Dios quiere que
haga con mi vida?»
VJR

—4—
De Septiembre

Enséñanos, querido Dios,
Que el poder de la oración
Se hace más fuerte
¡Poniendo el mundo a tu cuidado!
Helen Steiner Rice

Cuando el SEÑOR aprueba la
conducta de un hombre,
hasta con sus enemigos lo reconcilia.
Proverbios 16:7

Hoy, disminuye la duda y acrecienta tu fe.
VJR

–5–
DE SEPTIEMBRE

Sé feliz por el consuelo
Que encuentras en la oración,
Sé feliz por las bendiciones de Dios ...
Su amor y Su cuidado ...
HELEN STEINER RICE

La bendición del SEÑOR trae riquezas,
y nada se gana con preocuparse.
PROVERBIOS 10:22

Hoy, puede ser un día de alegría.
VJR

—6—
De Septiembre

Cuando la vida se convierte en un problema
Mucho más grande de lo
que puedes soportar,
En lugar de tratar de escapar,
Solo ríndete en oración.
Helen Steiner Rice

Muchas son las angustias del justo,
pero el SEÑOR lo librará de todas ellas.
Salmos 34:19

Hoy, si experimentas una
decepción, enfréntala; no dejes
que se multiplique.
VJR

– 7 –

De Septiembre

Durante una feliz primavera
Y un verano lleno de amor,
Caminemos hacia un otoño
Con nuestros pensamientos en Dios celestial.

Helen Steiner Rice

Gran remedio es el corazón alegre,
pero el ánimo decaído seca los huesos.

Proverbios 17:22

Hoy, valora la belleza del cambio
de estaciones. No importa el
tiempo del año, hay evidencias que
muestran que Dios está cerca.

VJR

— 8 —
De Septiembre

Dios envía sus angelitos
En muchas formas y apariencias,
Ellos vienen como adorables milagros
Que solo Dios puede crear.
<small>Helen Steiner Rice</small>

Con tus manos me creaste, me diste forma.
Dame entendimiento para
aprender tus mandamientos.
<small>Salmos 119:73</small>

Hoy, estudia la lección de la fe,
esperanza y amor que viene
con la llegada de un niño «especial».
Amplía tu perspectiva.
Entabla   amistad con un individuo inválido.
VJR

— 9 —

DE SEPTIEMBRE

Aprecia todas las cosas buenas que haces,
Pues si no las aprecias,
El gozo que sientes al hacer algo
Disminuirá en ti.
HELEN STEINER RICE

Nubes y viento, y nada de lluvia,
es quien presume de dar y nunca da nada.
PROVERBIOS 25:14

Hoy, el evento más memorable será
aquel por el cual ayudes a alguien.
VJR

— 10 —
De Septiembre

Alguien cuida y siempre lo hará,
El mundo olvida pero Dios aún te ama.
No puedes alejarte de Su amor
No importa cuan culpable seas.

Helen Steiner Rice

Tú, Señor, eres bueno y perdonador;
grande es tu amor por todos
los que te invocan.

Salmos 86:5

Hoy, demuestra compasión y
perdón, y recuerda que Dios
te perdona y te ama.

VJR

DE SEPTIEMBRE

Las estaciones rápidamente vienen y van
Y con ellas viene el pensamiento
De todos los cambios que el tiempo ha traído,
Pero una cosa nunca cambia
y es igual por siempre,
¡Dios realmente ama a Sus hijos
y nunca los olvidará!

HELEN STEINER RICE

No te escondas de mí; no me rechaces,
en tu enojo, a este siervo tuyo,
porque tú has sido mi ayuda.
No me desampares ni me abandones,
Dios de mi salvación.

SALMOS 27:9

Hoy, busca formas de alentar a los ancianos,
a los de edad media o a los jóvenes en
sus estudios o en una forma espiritual.

VJR

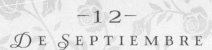

–12–
DE SEPTIEMBRE

La oración es mucho más
Que simplemente pedir por cosas.
Es la paz y el gozo interior
Que la tranquilidad brinda.
HELEN STEINER RICE

¡Bendito sea Dios, que no
rechazó mi plegaria
ni me negó su amor!
SALMOS 66:20

Hoy, siente la «oración» que
reside en tu corazón. Usa
la callada soledad para enriquecer
tu día y para acrecentar la
calma que está dentro de ti.
VJR

–13–

De Septiembre

Si olvidaríamos nuestras preocupaciones
Y nos detendríamos a
compartir en compasión
El peso que «nuestro hermano» carga,
Nuestras mentes y corazones
estarían menos angustiados.
<small>Helen Steiner Rice</small>

*Este es el día en que el SEÑOR actuó;
regocijémonos y alegrémonos en él.*
<small>Salmos 118:24</small>

Hoy y cada día, mantén tus
prioridades en orden, mantén lo
que es primero, primero.
VJR

-14-
De Septiembre

Permítenos ver en los demás
No sus pequeñas imperfecciones,
En lugar permite que veamos
las cosas buenas
Que motivaron nuestras mejores afecciones.
Helen Steiner Rice

Iniciar una pelea es romper una represa;
vale más retirarse que comenzarla.
Proverbios 17:14

Hoy, desarrolla la habilidad de buscar
y encontrar a Jesús en los demás.
VJR

–15–
De Septiembre

Reúnete con Dios por la mañana
Y vé con Él durante todo el día
Y agradécele por su guía
Cada noche al orar.

Helen Steiner Rice

Por la mañana, el SEÑOR,
escucha mi clamor;
por la mañana te presento mis ruegos,
y quedo a la espera de tu respuesta.

Salmos 5:3

Hoy, únete a Dios temprano por la
mañana y quédate en Su compañía
todo el día y a través de la noche.

VJR

–16–
DE SEPTIEMBRE

El amor obra en formas
Que son maravillosas y extrañas,
No hay nada en la vida
Que el amor no pueda transformar.
HELEN STEINER RICE

La respuesta amable calma el enojo,
pero la agresiva hecha leña al fuego.
PROVERBIOS 15:1

Hoy, sé un ejemplo de amor sacrificado.
Sé paciente, bondadoso,
perdona y sé humilde.
VJR

–17–
De Septiembre

Es difícil de creer
Que Dios no pide nada más
Que dejarle nuestros problemas
Y luego cerrar la puerta.
Helen Steiner Rice

El SEÑOR es refugio de los oprimidos;
es su baluarte en momentos de angustia.
En ti confían los que conocen
tu nombre, porque tú
SEÑOR, jamás abandonas
a los que te buscan.
Salmos 9:9-10

Hoy, confía y obedece, y
mañana, obedece y confía.
VJR

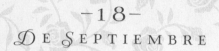

—18—
DE SEPTIEMBRE

En problemas y alegrías
Siempre podemos escuchar Tu voz ...
Si escuchamos en silencio
Y encontramos una razón para regocijarnos.
HELEN STEINER RICE

La voz del SEÑOR resuena potente;
la voz del SEÑOR resuena majestuosa.
SALMOS 29:4

Hoy, escucha y disfruta de la
risa de los niños. Dios está
a su alrededor.
VJR

— 19 —
DE SEPTIEMBRE

He adorado a Dios en iglesias y capillas,
He orado en las calles ocupadas,
He buscado a mi Dios y lo he encontrado
Donde golpean las olas del océano.
HELEN STEINER RICE

Vengan, postrémonos reverentes,
doblemos la rodilla
ante el SEÑOR nuestro Hacedor.
SALMOS 95:6

Hoy, en la costa, en el bosque o
en la montaña; en una casa
o una residencia, reconoce que Dios
está presente cuando oras.
VJR

–20–
De Septiembre

Escúchame cuando vacilo,
Escúchame cuando oro,
Recíbeme en Tu reino
A vivir Contigo algún día.
<small>Helen Steiner Rice</small>

Una sola cosa le pido al SEÑOR,
y es lo único que persigo:
habitar en la casa del SEÑOR
todos los días de mi vida, para
contemplar la hermosura del SEÑOR
y recrearme en su templo.
<small>Salmos 27:4</small>

Hoy, si tropiezas, reconoce que
Dios está listo para ayudar a tus
pies con voluntad. No temas.

VJR

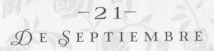

—21—
DE SEPTIEMBRE

El amor de Dìos es como una antorcha,
Encendida brillante con la fe y la oración,
Y a través de las cambiantes
escenas de la vida
¡Podemos encontrar un cielo en Él!

HELEN STEINER RICE

Ante esta calma se alegraron,
y Dios los llevó al puerto anhelado.

SALMOS 107:30

Hoy, sé un activo capitán de tu
vida. Dirige el curso hacia
el cielo de Dios. Él es tu navegador y tu faro.

VJR

–22–
DE SEPTIEMBRE

Dios es tan grandioso en todo lo que hace
Para hacer de este gran mundo
un maravilloso lugar ...
Sus montañas son altas, Sus
océanos son profundos,
Y vastas e incontables las
praderas se extienden.

HELEN STEINER RICE

En sus manos están los abismos de la tierra;
suyas son las cumbres de los montes.

SALMOS 95:4

Hoy, admira la obra artística de Dios: picos
de montañas púrpuras, océanos azules
cubiertos de oleajes blancos, campos
de trigo dorados. La paleta de colores
de Dios se mantiene incomparable.

VJR

–23–

De Septiembre

Dios, bríndame corage y esperanza cada día,
Fe para guiarme a través de mi camino,
Comprensión y sabiduría, también,
Y gracia para hacer lo que la
vida me ofrece a realizar.

HELEN STEINER RICE

Atiende el consejo y acepta la corrección,
y llegarás a ser sabio.

PROVERBIOS 19:20

Hoy, mantén el propósito en tu vida, actúa
en él, no solo desees que ocurra. Persevera
en tus intentos para realizar tu objetivo.

VJR

Dame entendimiento,
Suficiente para hacerme bondadoso,
Así pueda juzgar a toda la gente
Con mi corazón y no mi mente.
HELEN STEINER RICE

Así juzgará con rectitud a tu pueblo ...
SALMOS 72:2

Hoy, evalúa las críticas que vienen
a tu camino. Clasifícalas,
quédate con lo que ayuda y
descarta lo demás.
VJR

El futuro no es nuestro para saber
Y nunca lo será.
Entonces vivamos y demos lo mejor
Y démoslo abundantemente.
HELEN STEINER RICE

No envidies en tu corazón a
los pecadores; más bien,
muéstrate siempre celoso en
el temor del SEÑOR.
Cuentas con una esperanza futura
la cual no será destruida.
PROVERBIOS 23:17-18

Hoy, recuerda que lo que piensas
de ti mismo es más importante
de lo que otros piensan de ti. Por
lo tanto, debes pensar, vivir y
aprobar como vives.

VJR

-26-

DE SEPTIEMBRE

Padre, escucha esta pequeña oración
Que cruza millas de distancia
desde aquí hasta allá,
Así puedo sentirme más
cerca de los que quiero
Y que sepan que pienso en ellos con
Gratitud y gran cariño.

HELEN STEINER RICE

SEÑOR, escucha mi oración, atiende
a mi clamor; no cierres tus oídos a
mi llanto. Ante ti soy un extraño,
un peregrino, como todos mis antepasados.

SALMOS 39:12

Hoy, en el día y la noche, captura
pensamientos de tus seres queridos
ausentes. Mira tus libros de recuerdos y
fotografías. Ora por tus seres queridos.

VJR

–27–
DE SEPTIEMBRE

La fe es una fuerza más grande
Que el conocimiento, el poder y la habilidad,
Y la más obscura derrota se
convierte en triunfo
Si confiamos en la sabiduría
y voluntad de Dios.
HELEN STEINER RICE

Confía en el SEÑOR y haz el bien;
establécete en la tierra y mantente fiel ...
Encomienda al SEÑOR tu camino;
confía en él, y él actuará.
SALMOS 37:3,5

Hoy, mira al mundo con una visión
magnificada por el poder
de la fe dentro de ti.
VJR

No desees amplias y nuevas dimensiones
Donde puedas poner en práctica
tus buenas intenciones,
En lugar, donde Dios te ha
colocado, empieza hoy a hacer
Pequeñas cosas que iluminen las
vidas de los que te rodean.

HELEN STEINER RICE

La senda de los justos se
asemeja a los primeros
albores de la aurora; su
esplendor va en aumento
hasta que el día alcanza su plenitud.

PROVERBIOS 4:18

Hoy, concéntrate en los talentos
que Dios te ha brindado
y úsalos para ayudar a alguien.

VJR

De Septiembre

Dios mío, qué tranquilidad
Saber que Tú me cuidas
Y saber que cuando Te busco,
¡Siempre estarás allí!
<small>HELEN STEINER RICE</small>

El SEÑOR te protegerá; de todo
mal protegerá tu vida.
El SEÑOR te cuidará en el
hogar y en el camino,
desde ahora y para siempre.
<small>SALMOS 121:7-8</small>

Hoy, toca y busca, y encontrarás a
Dios esperando por ti. Él te consolará,
te calmará y cuidará de ti.
VJR

–30–
DE SEPTIEMBRE

Recuerda siempre
Cuando alguna cosa te aflija,
Que nunca estás solo
Pues Dios está a tu lado.
HELEN STEINER RICE

Dios es nuestro amparo y nuestra fortaleza,
nuestra ayuda segura en
momentos de angustia.
SALMOS 46:1

Hoy, sé agradecido por la compañía de Dios.
VJR

— 1 —
DE OCTUBRE

Cuando tengas problemas,
Déjalos en las manos de Dios,
Pues Él ha confrontado todos los problemas
Y Él los entenderá.
HELEN STEINER RICE

He caído en la angustia y la aflicción,
pero tus mandamientos son mi regocijo.
SALMOS 119:143

Hoy, no te preocupes de apariencias
exteriores, en lugar de ello
concéntrate en la necesidad e
importancia de la belleza interior.
VJR

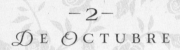

–2–
De Octubre

Cuando tu día esté lleno de obligaciones
Y tus horas son pocas,
Solo cierra tus ojos y medita
Y permite que Dios te hable.
HELEN STEINER RICE

Quiera él agradarse de mi meditación;
yo, por mi parte, me alegro en el SEÑOR.
SALMOS 104:34

Hoy, si Dios demora en responder
tu oración, continúa y
mantén la fe sabiendo que Dios
tiene Su propio horario.
VJR

–3–

DE OCTUBRE

Da la bienvenida a cada obstáculo
Y a cada espina y roca irregular,
Pues cada una es un paso hacia adelante
Para Dios quien te quiere para Él.
HELEN STEINER RICE

Me sacó de la fosa de la muerte,
del lodo y del pantano;
puso mis pies sobre una roca, y
me plantó en terreno firme.
SALMOS 40:2

Hoy, mira tus problemas con una
perspectiva espiritual. Mira
cada dificultad como una lección
para resolver problemas y
desarrollar perseverancia.
VJR

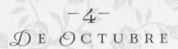

-4-
De Octubre

Espera con un corazón paciente
Por la bondad de Dios a prevalecer,
Pues nuestras oraciones son
siempre respondidas
Y Su misericordia y amor nunca fallan.
HELEN STEINER RICE

Guarda silencio ante el SEÑOR,
y espera en él con paciencia ...
SALMOS 37:7

Hoy, llama a Dios. Muestra tu paciencia y sé
un hacedor de paz.
VJR

—5—
DE OCTUBRE

El tiempo no es medido
Por los años que vives,
Pero por las obras que haces
Y por el gozo que das.

<small>HELEN STEINER RICE</small>

*... pero hallan el amor y verdad
los que hacen el bien.*

<small>PROVERBIOS 14:22</small>

Hoy, reconoce la importancia de
hacer una obra de bondad.
Una pequeña obra realizada es mejor que 100
promesas incumplidas.

VJR

– 6 –
De Octubre

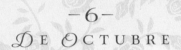

"Tu mantendrás en perfecta paz
A aquel, cuya mente permanece en Ti ..."
¡Y, Dios, si alguien necesita paz,
Ciertamente soy yo!
Helen Steiner Rice

En la enfermedad, el ánimo
levanta al enfermo;
¿pero quién podrá levantar al abatido?
Proverbios 18:14

Hoy, evita juzgar a los demás.
Elimina el resentimiento y
la amargura, y tu paz personal aumentará.
VJR

Hay algo que no deberíamos olvidar
De personas que conocimos,
escuchamos, o encontramos
Indirectamente tienen una gran parte
En moldear los pensamientos
de la mente y el corazón.

HELEN STEINER RICE

El corazón del hombre traza su rumbo,
pero sus pasos los dirige el SEÑOR.

PROVERBIOS 16:9

Hoy, muestra entusiasmo,
confianza, responsabilidad y
determinación. Tu alegría de
vivir y tu amor a Dios
podrían ser contagiosos.

VJR

– 8 –

De Octubre

Toma la adorable mano del Salvador
Y no trates de entender,
Solo permite que te guíe por donde Él lo hará
A través de pastos verdes y tranquilas aguas.

<small>Helen Steiner Rice</small>

Reconozcan que el SEÑOR
es Dios; él nos hizo,
y somos suyos. Somos su pueblo,
ovejas de su prado.

<small>Salmos 100:3</small>

Hoy, sigue al Pastor. Anima a las
ovejas que se han perdido,
a regresar al rebaño.

VJR

Toma una copa de bondad,
Mézclala bien con amor,
Agrega bastante paciencia
Y fe en Dios celestial.
HELEN STEINER RICE

*Con paciencia se convence al gobernante,
¡La lengua amable quebranta
hasta los huesos!*
PROVERBIOS 25:15

Hoy, combina bondad, amor y
paciencia. Combínalos en una
generosa porción de fe. Así
tendrás una receta infalible
para la vida.
VJR

—10—
De Octubre

Unas personas envejecen con sus
cumpleaños, eso es cierto,
Otros crecen agradables mientras
los años amplían sus horizontes,
Nadie notará un poco de arrugas
Cuando un bondadoso corazón
llena los ojos de brillo.

HELEN STEINER RICE

La corona del anciano son sus nietos ...

PROVERBIOS 17:6

Hoy, llena el vacío en la vida de alguien.
Puedes agregar felicidad y eliminar la
soledad en el día de otra persona.

VJR

—11—
DE OCTUBRE

Una oración es muchas veces
palabras no dichas,
Susurradas en lágrimas por el
corazón que está triste ...
Pues Dios ya sabe profundamente
De nuestras cargas que son
tan pesadas de soportar.

HELEN STEINER RICE

Me siento débil, completamente desecho;
mi corazón gime angustiado.

SALMOS 38:8

Hoy, sé un ejemplo de tolerancia
y perdón. Promueve la
reconciliación con aquellos
que te han ofendido.

VJR

–12–
DE OCTUBRE

Solo con la ayuda de Dios
Podemos enfrentar lo desconocido
que es tan vasto...
¡Hasta el más fuerte no puede
Hacer el trabajo solo!
HELEN STEINER RICE

Apresúrate, oh Dios, a rescatarme;
¡apresúrate, SEÑOR, a socorrerme!
SALMOS 70:1

Hoy, flexiona tu músculo espiritual.
Haz calentamientos, afirma y
ejercita tus valores e ideales.
VJR

–13–
De Octubre

Al hacer más cosas sin egoísmo,
Vivirás con más abundancia ...
Al compartir más todo lo que tienes,
Siempre tendrás más para dar.

Helen Steiner Rice

SEÑOR, mi corazón no es orgulloso,
ni son altivos mis ojos; no busco
grandezas desmedidas,
ni proezas que excedan a mis fuerzas.

Salmos 131:1

Hoy, contempla la magnitud de las
tareas que se pueden realizar
sin preocupación por recibir
halagos o recompensas.

VJR

–14–
DE OCTUBRE

Que las personas de todas las naciones
Al fin sean conocedoras
Que Dios resolverá sus problemas
A través de la fe, la esperanza y la oración.

HELEN STEINER RICE

Tu siervo soy: dame entendimiento
y llegaré a conocer tus estatutos.

SALMOS 119:125

Hoy, enorgullécete por tu país y
por aquellos que lo defienden.

VJR

–15–
De Octubre

El amor que das a los demás
Es retornado a ti por el Señor ...
Y el amor de Dios
Es la recompensa más valiosa de tu alma.
HELEN STEINER RICE

Unos dan a manos llenas, y
reciben más de lo que dan;
otros ni sus deudas pagan, y
acaban en la miseria.
PROVERBIOS 11:24

Hoy, cura heridas. Curar tiene
un efecto multiplicador.
VJR

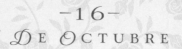

—16—
DE OCTUBRE

No permitas que nada te domine
O cambie tu camino
De los antiguos mandamientos de Dios,
Ellos aún son nuevos hoy.
HELEN STEINER RICE

Dichoso el que teme al SEÑOR,
el que halla gran deleite en
sus mandamientos.
SALMOS 112:1

Hoy, vive bajo los principios de
Dios, no bajo los principios
del mundo.
VJR

–17–
De Octubre

Es completando
Lo que Dios nos da para realizar
Que encontramos real gozo interior
Y también felicidad.
HELEN STEINER RICE

Págales conforme a sus obras,
conforme a sus malas
acciones. Págales conforme a
las obras de sus manos;
¡dales su merecido!
SALMOS 28:4

Hoy, elimina la dejadez. Termina
la tarea que tienes frente a ti.
VJR

-18-
De Octubre

En lugar de suponer holgazanamente
Da un paso adelante para
enfrentar cada nuevo día
Seguro en el conocimiento
que Dios está cerca de ti
Para guiarte en cada paso del camino.
HELEN STEINER RICE

Cuando camines, no
encontrarás obstáculos;
cuando corras, no tropezarás.
PROVERBIOS 4:12

Hoy, acepta el reto que descansa
en el amanecer de cada nuevo día.
Aprecia la presencia y la guía de Dios.
Él te protegerá si te resbalas.

VJR

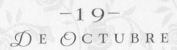

—19—
DE OCTUBRE

Si encontrarías al Salvador,
¡No necesitas buscar lejos
Pues Dios está a nuestro alrededor,
Doquiera te encuentres!

HELEN STEINER RICE

Tu protección me envuelve por completo;
me cubres con la palma de tu mano.

SALMOS 139:5

Hoy, mantente alerta a la presencia
de Dios, en ti mismo,
en otros, en la naturaleza.

VJR

De Octubre

Me reúno con Dios por la mañana
Y voy con Él durante el día,
Luego en la tranquilidad de la noche
Antes de dormir, oro.
HELEN STEINER RICE

Muy de mañana me levanto a
pedir ayuda; en tus palabras
he puesto mi esperanza. En toda
la noche no pego los ojos,
para meditar en tu promesa.
SALMOS 119:147-148

Hoy, cualquiera sea la hora,
cualquiera sea el lugar, reúne tus
pensamientos y oraciones con
un corazón agradecido y
preséntalos a Dios.
VJR

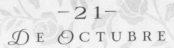

—21—
DE OCTUBRE

Oro para que Dios tome control
De todos los problemas que
no puedo resolver,
Y estoy listo para mañana
Con todas mis preocupaciones disueltas.

HELEN STEINER RICE

SEÑOR Todopoderoso, rey mío y Dios mío,
aun el gorrión halla casa cerca
de tus altares; también
la golondrina hace allí su nido,
para poner sus polluelos.

SALMOS 84:3

Hoy, despréndete de tus preocupaciones
y colócalas en las manos de Dios. Las
soluciones son su especialidad.

VJR

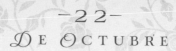

-22-
De Octubre

La casa de oración no está tan lejos
Del tranquilo lugar donde te arrodillas y oras,
Porque el corazón es un templo
cuando Dios está en él
Mientras te colocas en Su amoroso cuidado.

HELEN STEINER RICE

Quiero inclinarme hacia tu santo
templo y alabar tu nombre
por tu gran amor y fidelidad.
Porque has exaltado
tu nombre y tu palabra por
sobre todas las cosas.

SALMOS 138:2

Hoy, recuerda que cualquier lugar
es un buen lugar para orar
y agradecer a Dios.

VJR

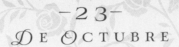

Envejecer solo significa
Que el espíritu crece sereno ...
Y contemplamos las cosas
con nuestras almas
Que nuestros ojos nunca han visto.

HELEN STEINER RICE

Aun cuando sea yo anciano y peine
canas, no me abandones,
oh Dios, hasta que anuncie tu poder
a la generaciÐn venidera ...

SALMOS 71:18

Hoy, aprecia a aquellos que son
mayores. Valora su consejo.
Busca su compañía.

VJR

La cadena dorada de la amistad
Es un fuerte y bendito nudo
Enlazando juntos a los
corazones de parientes
Mientras los años van pasando.
HELEN STEINER RICE

Haz bien, SEÑOR, a los que son buenos,
a los rectos de corazón..
SALMOS 125:4

Hoy, sácale brillo a tu cadena de la amistad.
Mantenla libre de oxidación.
VJR

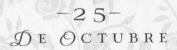

–25–
DE OCTUBRE

Dios es el maestro constructor,
Sus planes son perfectos y verdaderos,
Y cuando Él permite la pena,
Es parte de Su plan para ti.
HELEN STEINER RICE

Tú, oh Dios, nos has puesto a prueba;
nos has purificado como a la plata.
SALMOS 66:10

Hoy, esculpe y trabaja en tu vida,
pues estás creando una
obra maestra, una obra de arte
en coordinación con Dios.
VJR

De Octubre

Dios no prometió sol sin lluvia,
Luz sin obscuridad o gozo sin dolor.
Él solo nos prometió fortaleza para el día
Cuando la obscuridad venga y
perdamos nuestro camino.

Helen Steiner Rice

Y si dijera: "Que me oculten las tinieblas;
que la luz se haga noche en torno mío",
ni las tinieblas serían obscuras para ti,
y aun la noche sería clara como el día.
¡Lo mismo son para ti las
tinieblas que la luz!

Salmos 139:11-12

Hoy, genera comprensión e irradia
amor. Trata de prender la
luz en la vida de otro individuo.

VJR

–27–

DE OCTUBRE

Padre, haznos bondadosos y sabios
Para que siempre reconozcamos
Las bendiciones que son
nuestras para poseer
Y las amistades que son nuestras para hacer.
HELEN STEINER RICE

Hay amigos que llevan a la ruina,
y hay amigos más fieles que un hermano.
PROVERBIOS 18:24

Hoy, restaura cualquier relación
rota. Mantén y ayuda a tus
amistades. Un amigo es un regalo de Dios.
VJR

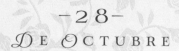

–28–

De Octubre

El amor de una madre es algo
Que nadie puede explicar,
Es hecho de profunda devoción
Y de sacrificio y dolor.
HELEN STEINER RICE

Sus hijos se levantan y la felicitan;
también su esposo la alaba.
PROVERBIOS 31:28

Hoy, honra y recuerda a tu madre
de una forma apropiada,
una visita, una oración, un mensaje.
VJR

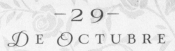

-29-
DE OCTUBRE

Todo es por comparación,
Ambos lo agrio y lo dulce,
Y toma un poco de ambos
Para hacer de nuestra vida completa.

HELEN STEINER RICE

Al que no tiene hambre, hasta
la miel lo empalaga;
al hambriento, hasta lo amargo le es dulce.

PROVERBIOS 27:7

Hoy, mantén una actitud de
agradecimiento. Sé agradecido por
todos los eventos de tu vida: penas
y gozos, derrotas y éxitos,
los valles y las montañas.

VJR

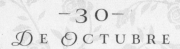

–30–
De Octubre

Disciplina en el deber diario
Moldeará tu vida para una
más profunda belleza,
Y mientras creces en fortaleza y gracia,
Podrás ver más claramente el rostro de Dios.

HELEN STEINER RICE

Dios nos tenga compasión y nos bendiga;
Dios haga resplandecer su
rostro sobre nosotros.

SALMOS 67:1

Hoy, un entrenamiento estricto
y el autocontrol resultará en
un aumento de misericordia y efectivo poder.

VJR

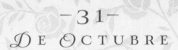

–31–
DE OCTUBRE

Todas las cosas obran juntas
Para completar el plan maestro,
Y Dios en los cielos
Puede ver lo mejor para el hombre.
HELEN STEINER RICE

Tú, oh Dios, eres mi rey desde
tiempos antiguos;
tú traes salvación sobre la tierra.
SALMOS 74:12

Hoy, coopera con Dios, dedica y
consagra tus esfuerzos hacia
Él, y quedarás placenteramente
sorprendido por el Maestro del
Universo.
VJR

–1–
DE NOVIEMBRE

Cuando nos encontramos en problemas
Y la vida ha perdido su canción,
Es Dios probándonos con cargas
Solo para fortalecer nuestro espíritu.
HELEN STEINER RICE

Éste es mi consuelo en medio del dolor;
que tu promesa me da vida.
SALMOS 119:50

Hoy, enfrenta tus retos con
determinación y resistencia.
VJR

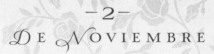

–2–
DE NOVIEMBRE

Cualquier cosa que pedimos
Es tan pequeña comparada
con lo que Dios nos da,
Pues su grandeza se extiende
A cada faceta de nuestro vivir.
HELEN STEINER RICE

Grande es el SEÑOR, y digno
de toda alabanza;
su grandeza es insondable.
SALMOS 145:3

Hoy, alaba y agradece libremente
a Dios. El grado de Su
generosidad no tiene comparación
y el alcance de Su ofrenda
es indescriptible.
VJR

-3-
DE NOVIEMBRE

Robamos a nuestras vidas más
de lo que imaginamos
Cuando fracasamos en mostrar
Gratitud por nuestras bendiciones diarias
El calor del sol, la fragancia de las flores.
HELEN STEINER RICE

Que te alaben, SEÑOR, todas
tus obras; que te bendigan
tus fieles. Que hablen de la gloria
de tu reino; que proclamen
tus proezas, para que todo el
mundo conozca tus proezas
y la gloria y el esplendor de tu reino.
SALMOS 145:10-12

Hoy, cultiva una apreciación por
la belleza de la naturaleza.
VJR

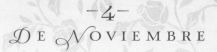

— 4 —
DE NOVIEMBRE

Una calurosa, sonrisa o una
bondad, una obra amable
O una mano que ayuda en
una hora de necesidad
Pueden cambiar nuestra perspectiva
y hacer el mundo brillante
Cuando hasta hace un minuto
nada parecía bueno.

HELEN STEINER RICE

Más resiste el hermano ofendido
que una ciudad amurallada;
los litigios son como cerrojos de ciudadela.

PROVERBIOS 18:19

Hoy, brinda brillantez al mundo
que te rodea con una sonrisa y
un acto de bondad.

VJR

-5-
DE NOVIEMBRE

Para tener paz, debo ser bondadoso,
Pues la paz no puede existir
en una mente odiosa,
Entonces para tener paz
debo siempre mostrar
Amor por las personas que
encuentre, vea o conozca.
HELEN STEINER RICE

Quien se burla de la instrucción
tendrá su merecido;
quien respeta el mandamiento
tendrá su recompensa.
PROVERBIOS 13:13

Hoy, borra toda señal de odio,
permite que el amor y la paz
prevalezcan.
VJR

–6–
DE NOVIEMBRE

Enséñame a ser paciente
En todo lo que haga,
Contento confiando en Tu sabiduría
Y siguiendo detrás de Ti.
HELEN STEINER RICE

*No te alteres por causa de los
malvados, ni sientas envidia
de los impíos, porque el malvado
no tiene porvenir;
¡la lámpara del impío se apagará!*
PROVERBIOS 24:19-20

Hoy, practica paciencia. Con
práctica se llega a la perfección.
VJR

–7–
DE NOVIEMBRE

Toma amplio tiempo
Para una conversación del corazón,
Establece con nuestro Padre
Una relación inquebrantable.
HELEN STEINER RICE

Como naranjas de oro con
incrustaciones de plata
son las palabras dichas a tiempo.
PROVERBIOS 25:11

Hoy, conversa con Dios por la
mañana, tarde y noche.
VJR

—8—
DE NOVIEMBRE

Algun día el hombre comprenderá
Que toda la tierra, los océanos y los cielos
Pertenecen a Dios quien nos creó a todos,
El rico, el pobre, el grande, el pequeño.
HELEN STEINER RICE

¿Quién ha subido a los cielos
y descendido de ellos?
¿Quién puede atrapar el viento
en su puño o envolver el mar
en su manto? ¿Quién ha establecido
los límites de la tierra?
¿Quién conoce su nombre o el de su hijo?
PROVERBIOS 30:4

Hoy, siente la admiración y la
maravilla de la creación de Dios.
VJR

-9-
DE NOVIEMBRE

Las oraciones no son dichas
para obtener cosas
Que tan egoístamente deseamos adquirir,
Pues Dios en Su sabiduría rechaza
Las cosas que erroneamente deseamos.
HELEN STEINER RICE

Me acuerdo, SEÑOR, de tus
juicios de antaño,
y encuentro consuelo en ellos.
SALMOS 119:52

Hoy, impregna tus oraciones con
alabanzas y gratitud a Dios.
VJR

Ningún dinero o regalo o cosa material
Sino la comprensión y el
gozo que ésta brinda
Puede cambiar este viejo mundo
y sus formas egoístas de ser
Y poner bondad y misericordia
de regreso a nuestras vidas.

Helen Steiner Rice

Con sabiduría se construye la casa;
con inteligencia se hechan los cimientos.
Con buen juicio se llenan sus cuartos
de bellos y extraordinarios tesoros.

Proverbios 24:3-4

Hoy, da a alguien un poco de tu
tiempo, envuelto en comprensión
y compasión. Estos son regalos que
el dinero no puede comprar.

VJR

–11–
DE NOVIEMBRE

Pequeños y tiernos recuerdos
De alguna palabra o bondadosa obra
Nos dan fortaleza y corage
Cuando estamos en necesidad.
HELEN STEINER RICE

El justo será siempre recordado;
ciertamente nunca fracasará.
SALMOS 112:6

Hoy, reflexiona sobre una pasada
bondad y la fortaleza que
costó a ambos, al que dió y al que recibió.
VJR

–12–
DE NOVIEMBRE

Al soportar más
Con paciencia y con gracia,
Crecemos más fuertes
Y podemos afrontar mucho más.
HELEN STEINER RICE

El SEÑOR es la fortaleza de su pueblo,
y un baluarte de salvación para su ungido.
SALMOS 28:8

Hoy, crece fuerte mientras adoptas
el principio de la paciencia
enfrentando los problemas
que te confrontan.

VJR

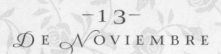

–13–
DE NOVIEMBRE

La bondad es una virtud
Brindada por el Señor,
Ella paga dividendos en felicidad
Y su recompensa es el gozo.
HELEN STEINER RICE

El malvado obtiene ganancias ilusorias;
el que siembra justicia asegura su ganancia.
PROVERBIOS 11:18

Hoy, agrega bondad en la vida de
alguien y tu propia felicidad
será multiplicada.
VJR

-14-
DE NOVIEMBRE

El gozo de disfrutar
Y la plenitud de vivir
Son encontrados en el corazón
Que está lleno de gratitud.
HELEN STEINER RICE

En los que fraguan el mal habita el engaño,
pero hay gozo para los que
promueven la paz.
PROVERBIOS 12:20

Hoy, permite que tu corazón
rebose con gratitud y tu gozo
aumentará.
VJR

–15–
DE NOVIEMBRE

Es un mundo maravilloso y siempre lo será
Si mantenemos nuestros ojos
abiertos y enfocados para ver
Las maravillosas cosas que el
hombre es capaz de hacer
Cuando abre sus ojos a Dios y Su amor.

HELEN STEINER RICE

Desde el cielo Dios contempla
a los mortales,
para ver si hay alguien que sea
sensato y busque a Dios.

SALMOS 53:2

Hoy, abre las puertas de tu corazón
y pide a Dios que entre
en él. Su presencia transformará tu vida.

VJR

En la belleza de un copo de nieve,
Cayendo suavemente en la tierra,
Está el misterio y el milagro
¡De la grandiosa y creativa mano de Dios!
HELEN STEINER RICE

Alaben al SEÑOR desde la tierra
los monstruos marinos y las
profundidades del mar, el relámpago
y el granizo, la nieve
y la neblina, el viento tempestuoso
que cumple su mandato.
SALMOS 148:7-8

Hoy, observa lo adorable de una
escena de invierno. Cada copo
de nieve, como cada ser humano,
es especial y tiene sus propias
características.
VJR

−17−
DE NOVIEMBRE

¡Yo estoy aquí abajo!
¡Tú estás allá arriba!
¿Estás seguro que Tú puedes escuchar
Mi débil, insegura oración?
HELEN STEINER RICE

Responde a mi clamor, Dios
mío y defensor mío.
Dame alivio cuando esté angustiado,
apiádate de mí y escucha mi oración.
SALMOS 4:1

Hoy, llama a Dios. Él te escucha
siempre y en todo momento.
VJR

—18—
DE NOVIEMBRE

Te doy mi gratitud
Y mi corazón se arrodilla a orar.
Dios cuídame y guíame
Y ve conmigo hoy.

HELEN STEINER RICE

Me guías con tu consejo,
y más tarde me acogerás en gloria.

SALMOS 73:24

Hoy, pídele a Dios que te guíe,
te cuide y vaya contigo.

VJR

Ayúdanos a recordar
Que la clave de la vida y de vivir
Es hacer de cada oración una
oración de gratitud
Y de cada día «Un día de
Acción de Gracias».
HELEN STEINER RICE

Con cánticos alabaré el nombre de Dios;
con acción de gracias lo exaltaré.
SALMOS 69:30

Hoy, sé agradecido por tus bendiciones
y comparte con aquellos
que no tienen. Sé agradecido por
tus talentos. Usa algo de
tus talentos para ayudar a aquellos
que están en necesidad.

VJR

–20–
DE NOVIEMBRE

La bondad de Dios está
siempre a tu alrededor,
Siempre lista para libremente ofrecerte
Fortaleza para tu espíritu débil,
Ánimo para tu solitario corazón.
HELEN STEINER RICE

Cuando en mí la angustia iba en aumento,
tu consuelo llenaba mi alma de alegría.
SALMOS 94:19

Hoy, expresa tu gratitud a Jesús
por impactar tu vida.
VJR

El cielo de Dios está adornado
con incontables joyas,
Pues gozo sin medidas es una
de las reglas de Dios,
Su mano es tan generosa, Su
corazón es tan grande,
Él no viene tan pronto, Él
no viene muy tarde.

HELEN STEINER RICE

En el principio tú afirmaste la tierra,
y los cielos son la obra de tus manos.
SALMOS 102:25

Hoy, reconoce que Dios no necesita
relojes de alarma, relojes
de mano o reglas de tiempo.

VJR

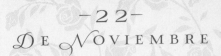

–22–
DE NOVIEMBRE

Dios, sé que Te amo,
Y sé sin duda alguna
Que Tu bondad y Tu misericordia
Nunca se agotan.

HELEN STEINER RICE

Ten compasión de mí, oh Dios,
conforme a tu gran amor;
conforme a tu inmensa bondad,
borra mis transgresiones.

SALMOS 50:1

Hoy, cuenta las muchas formas
en que observas la bondad y
la misericordia de Dios.

VJR

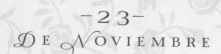

23
DE NOVIEMBRE

«La tierra es del Señor
Y la plenitud que ella contiene».
Ella habla de Su grandiosidad,
Ella canta de Su amor.
HELEN STEINER RICE

Tuyo es el cielo, y tuya la tierra;
tú fundaste el mundo y todo lo que contiene.
SALMOS 89:11

Hoy, reflexiona en la grandiosidad
de nuestro Creador
mientras escuchas la melodía de la tierra.

VJR

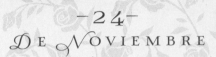

–24–
De Noviembre

¿Pausas en meditación
Acerca del camino de la vida,
Y ofreces gratitud
O dices una palabra en oración?
<small>Helen Steiner Rice</small>

Yo amo tus mandamientos, y
hacia ellos elevo mis manos;
¡quiero meditar en tus decretos!
<small>Salmos 119:48</small>

Hoy, dedica una porción de tu
día a reflexionar en el papel
de Dios en tu vida y en tu
papel en el plan de Dios.
VJR

25.
DE NOVIEMBRE

¡Haz justicia, ama la bondad, camina
humildemente con Dios—
Con estas tres cosas como tu regla y tu vara
Todas las cosas dignas de tener
son tuyas para realizar
Si sigues la Palabra de Dios
y tienes fe para creer!

HELEN STEINER RICE

El SEÑOR ama la justicia y el derecho;
llena está la tierra de su amor.

SALMOS 33:5

Hoy, aplica los principios de Cristo.
VJR

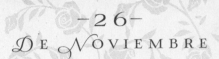

—26—
DE NOVIEMBRE

Una vela sin encender no da luz
Solo cuando está encendida ilumina brillante,
Y si la vida es vacía, apagada y obscura,
Es haciendo cosas por los demás
que da la chispa de luz.

HELEN STEINER RICE

Tú, SEÑOR, mantienes mi
lámpara encendida;
tú, Dios mío, eliminas mis tinieblas.
SALMOS 18:28

Hoy, ilumina la vida de alguien,
y generarás felicidad
para ti mismo.
VJR

—27—
DE NOVIEMBRE

Para el gran Dios, no hay nada
tan grande para hacer,
Y todo lo que Él te pide o espera de ti
Es fe que es inmovible por
tribulaciones y lágrimas
Que continúa creciendo fuerte
a través de los años.
HELEN STEINER RICE

Toda palabra de Dios es digna de crédito;
Dios protege a los que en él buscan refugio.
PROVERBIOS 30:5

Hoy, busca refugio y seguridad en
los amorosos brazos de Dios.
VJR

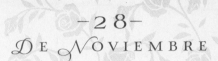

–28–
DE NOVIEMBRE

No importa donde oremos
Si honestamente sentimos las
palabras que decimos,
Pues Dios está siempre escuchando
Las oraciones dichas por el sincero corazón.

HELEN STEINER RICE

Si hubiéramos olvidado el
nombre de nuestro Dios,
o tendido nuestras manos a un dios extraño.
¿acaso Dios no lo habría descubierto,
ya que él conoce los más íntimos secretos?

SALMOS 44:20-21

Hoy, ora con sinceridad y sencillez.

VJR

-29-
DE NOVIEMBRE

Si ponemos nuestros problemas
en las manos de Dios,
No hay nada que necesitemos entender.
Es suficiente tan solo creer
Que lo que necesitamos recibiremos.

HELEN STEINER RICE

Si me elevara sobre las alas del
alba, o me estableciera
en los extremos del mar, aun
allí tu mano me guiaría,
¡me sostendría tu mano derecha!

SALMOS 139:9-10

Hoy, ríndete y permite que
Dios resuelva tu dilema.

VJR

30 DE NOVIEMBRE

Todo lo que necesito hacer
Es orar en silencio
«Dios, ayúdame y guíame
Y ve conmigo hoy».
HELEN STEINER RICE

Bueno y justo es el SEÑOR;
por eso les muestra
a los pecadores el camino.
Él dirige en la justicia
a los humildes, y les enseña su camino.
SALMOS 25:8-9

Hoy, mantén a Dios como tu
constante compañía.
VJR

-1-
DE DICIEMBRE

Con nuestras manos damos regalos
que el dinero puede comprar,
Diamantes que brillan como
estrellas en el cielo,
Pero solo el corazón puede regalar
El regalo de paz y amor, un día perfecto.
HELEN STEINER RICE

El SEÑOR fortalece a su pueblo;
el SEÑOR bendice a su pueblo con la paz.
SALMOS 29:11

Hoy, pregúntate: ¿Si fuera envuelto
en un paquete de regalo
para Jesús, estaría Él complacido
en recibirme? ¿Me concentro
mucho en la envoltura y no lo
suficiente en el contenido?
VJR

– 2 –
DE DICIEMBRE

Cuando estás apurado
Y debas dejar algo sin completar,
Asegúrate que no sea tu oración a Dios
Al amanecer o al atardecer.
HELEN STEINER RICE

¡Cuán bueno, SEÑOR, es
darte gracias y entonar,
oh Altísimo, salmos a tu nombre;
proclamar tu gran amor por la mañana,
y tu fidelidad por la noche …
SALMOS 92:1-2

Hoy y cada día, toma tiempo para orar.
VJR

¿Qué debo hacer para asegurar
paz en la mente?
¿Es muy duro encontrar la
respuesta que estoy buscando?
¿Cómo puedo saber lo que
Dios quiere que yo sea?
¿Cómo puedo reconocer lo
que se espera de mí?

HELEN STEINER RICE

El corazón humano genera muchos
proyectos, pero al final prevalecen
los designios del SEÑOR.

PROVERBIOS 19:21

Hoy, estudia tus debilidades y
tus cualidades. Persevera
en hacer aquello que Dios tiene
en mente para que realices.

VJR

—4—
DE DICIEMBRE

¿Qué es el amor? Ninguna
palabra puede definirlo.
Es algo grandioso, que solo
Dios puede diseñar,
Sí, el amor es más allá de lo que
el hombre pueda definir,
Pues Dios es inmortal y el
regalo de Dios es divino.

HELEN STEINER RICE

Al único que hace grandes maravillas;
su gran amor perdura para siempre.

SALMOS 136:4

Hoy, sorprende a alguien con una
llamada o un gozoso saludo.
Permite que el amor de Dios rebose
a través de ti y tus acciones.

VJR

– 5 –
DE DICIEMBRE

Enséñame dulce paciencia
Cuando las cosas no vayan bien,
Así permanezco tranquilo
Cuando otros crecen en nerviosismo.
HELEN STEINER RICE

Si en el día de la aflicción te desanimas,
muy limitada es tu fortaleza.
PROVERBIOS 24:10

Hoy, demuestra paciencia en tu
lenguaje, tus acciones y
tus reacciones. Una calmada y
bien pensada respuesta tiene
un efecto tranquilizador en los demás.
VJR

—6—
DE DICIEMBRE

Enséñame como tranquilizar
El creciente pálpito de mi corazón,
Así pueda escuchar la respuesta
Que estás tratando de impartir.
<small>HELEN STEINER RICE</small>

Dame, hijo mío, tu corazón
y no pierdas de vista mis caminos.
<small>PROVERBIOS 23:26</small>

Hoy, calma los temores de alguien
y mantén tu propia serenidad.
VJR

—7—

DE DICIEMBRE

Las silenciosas estrellas en cielos eternos,
El asombro en los ojos de los niños,
Un botón de rosa en un fino florero
Son todas reflecciones del rostro de Dios.

HELEN STEINER RICE

*Oye, SEÑOR, mi voz cuando
a ti clamo; compadécete
de mí y respóndeme. El corazón me dice:
"¡Busca su rostro!" Y yo,
SEÑOR, tu rostro busco.*

SALMOS 27:7-9

Hoy, observa tus alrededores con
una visión espiritual. Ubicarás
a Dios en lugares nunca antes imaginados.

VJR

— 8 —
DE DICIEMBRE

Las oraciones son las escaleras
que conducen a Dios,
Y hay gozo en cada paso del camino
Cuando hacemos nuestro
peregrinaje hacia Él
Con amor en nuestros corazones cada día.
HELEN STEINER RICE

El SEÑOR afirma los pasos del hombre
cuando le agrada su modo de vivir.
SALMOS 37:23

Hoy, revive tu cansado corazón
con oraciones mientras
asciendes más cerca de Dios.
VJR

—9—
DE DICIEMBRE

Solo por la gracia de Dios
Podemos ganar control personal,
Y solo pensamientos en meditación
Pueden restaurar la paz de nuestra alma.
HELEN STEINER RICE

En paz me acuesto y me duermo,
porque solo tú, SEÑOR, me
haces vivir confiado.
SALMOS 4:8

Hoy, si tienes diferencia de
opiniones con alguien, discrepa
pero no seas desagradable.

VJR

–10–
DE DICIEMBRE

Recuerdos para atesorar
Son hechos el Día de la Navidad,
Hechos de reuniones en familia
Y de niños mientras juegan.
HELEN STEINER RICE

En el seno de tu hogar, tu esposa será
como vid llena de uvas;
alrededor de tu mesa,
tus hijos serán como vástagos de olivo.
SALMOS 128:3

Hoy, atesora recuerdos del
pasado y gozos del presente
compartiendo tu amor con
miembros de familia, niños,
nietos, familiares o amistades.
VJR

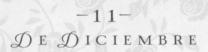

—11—
DE DICIEMBRE

Que el santo recuerdo
Del primer Día de la Navidad
Sea nuestra seguridad
Que Cristo está cerca de nosotros.
<small>HELEN STEINER RICE</small>

Fui puesto a tu cuidado desde
antes de nacer, desde el vientre
de mi madre mi Dios eres tú.
<small>SALMOS 22:10</small>

Hoy, vive tu vida de tal forma
que otros puedan buscar y
reconocer a Jesús dentro de ti.
VJR

–12–
DE DICIEMBRE

Que cada corazón y cada hogar
Continúe durante todo el año
Sintiendo el calor y el asombro
De esta estación de agradables alegrías.
HELEN STEINER RICE

La exposición de tus palabras nos da luz,
y da entendimiento al sencillo.
SALMOS 119:130

Hoy, promete mantener todo
el año el calor del amor y
cordialidad generada por esta
estación de la Navidad.
VJR

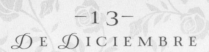

-13-

DE DICIEMBRE

Haznos conocer
Que la historia de la Navidad
Es la promesa a cada uno
De gloria eterna.
HELEN STEINER RICE

La gloria, SEÑOR, no es para
nosotros; no es para
nosotros sino para tu nombre,
por causa de tu amor y tu verdad.
SALMOS 115:1

Hoy, envía algo de tu propio amor
al mundo. No tienes que
comprarlo, envolverlo o empaquetarlo,
tan solo da amor a los demás.
VJR

—14—
DE DICIEMBRE

Cuando contamos nuestras bendiciones,
Al terminar de contar nos damos cuenta que
No tenemos ninguna razón
De queja o de estar tristes.
HELEN STEINER RICE

El hombre fiel recibirá
muchas bendiciones ...
PROVERBIOS 28:20

Hoy, cuenta a tus seres queridos
como tu primera bendición.
Es también importante ser recordado
por tus seres queridos.
¿Por qué razón, característica,
personalidad o acto de bondad
te gustaría ser recordado?
Piénsalo. Obra en ello.

VJR

— 15 —
DE DICIEMBRE

Si vivimos la Navidad cada día
como lo deberíamos hacer,
Y la hacemos nuestro objetivo
para hacer siempre el bien,
Encontraremos la llave perdida
para vivir con significado
Que proviene no de obtener,
sino de dar sin egoísmo.

HELEN STEINER RICE

Prestan siempre con generosidad;
sus hijos son una bendición.

SALMOS 37:26

Hoy, vive por el principio: «Es
más bendito dar que recibir».

VJR

Como las estaciones que vienen y van
Cuando las flores de primavera
están cubiertas por la nieve,
Dios envía al corazón en su
tristeza de invierno
Un tiempo primaveral de nueva
esperanza y alegría.

HELEN STEINER RICE

Y ahora, SEÑOR, ¿qué
esperanza me queda?
¡Mi esperanza he puesto en ti!
SALMOS 39:7

Hoy, remueve el hielo del
sentimiento de desesperación y
descubre la alegría que
descansa en tu corazón.

VJR

–17–

DE DICIEMBRE

No importa quién o qué eres,
Todos podemos contemplar "La
Estrella de la Navidad"...
Pues la estrella que brilló
todavía está brillando
En los corazones de los hombres
de paz y buena voluntad.
HELEN STEINER RICE

No me alejes de tu presencia
ni me quites tu santo Espíritu.
Devuélveme la alegría
de tu salvación; que un espíritu
obediente me sostenga.
SALMOS 51:11-12

Hoy, ilumina tu vida con una belleza
interior. La Estrella brilla
para uno y para todos.
VJR

–18–
DE DICIEMBRE

En la alegría de dar
De la primera noche de la Navidad,
Dios nos mostró
El camino, la verdad y la luz.
HELEN STEINER RICE

Envía tu luz y tu verdad; que ellas me guíen
a tu monte santo, que me lleven
al lugar donde tú habitas.
SALMOS 43:3

Hoy, aprecia el magnífico y generoso
regalo del amor de Dios.
VJR

Humildemente, reconozco
Que Él, Quien hizo el mar y los cielos
Y sostiene todo el mundo con Su diestra
También tiene mi alma a Su disposición.
HELEN STEINER RICE

La ley del SEÑOR es perfecta:
infunde nuevo aliento ...
El mandamiento del SEÑOR
es claro: da luz a los ojos.
SALMOS 19:7-8

Hoy, reconoce la grandeza y
también la ternura del poder de
Dios. Las profundidades, la amplitud,
las distancias y anchuras
del universo son creaciones de
Dios, y el control descansa en
Sus manos.
VJR

−20−
De Diciembre

Dios, haznos reconocer que en Tu nombre
El Niño Santo Cristo humildemente vino
A vivir en la tierra y dejar en ella
Nueva fe y esperanza para la humanidad.
Helen Steiner Rice

Espero al SEÑOR, lo espero
con toda el alma;
en su palabra he puesto mi esperanza.
Salmos 130:5

Hoy, irradia bondad con el brillo
del tiempo navideño. Jesús
vino al mundo como un bebé.
Busca la inocencia, pureza,
bondad y amor en aquellos a tu alrededor.
VJR

Los regalos que damos no tienen propósito
A no ser que Dios sea parte del acto de dar,
Y a no ser que hagamos de
la Navidad un patrón
A seguir cada día de nuestro vivir.
HELEN STEINER RICE

Con regalos se abren todas las puertas
y se llega a la presencia de gente importante.
PROVERBIOS 18:16

Hoy, comparte un regalo con tus
amigos de plumaje voladores.
Los pajaritos apreciarán el agua, el
alimento y las semillas. Dios
ha creado todas las criaturas.
VJR

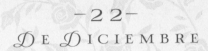

–22–
DE DICIEMBRE

La Navidad para mí
Es un regalo del cielo
Un regalo de salvación
Nacido del amor de Dios.
HELEN STEINER RICE

El amor y la verdad se encontrarán;
se besarán la paz y la justicia.
SALMOS 85:10

Hoy, decora tu vida con felices
ofrendas, alegrías y un
resplandor interior que desarrollas
amando a Jesús y
viviendo de una manera que Lo complazca.
VJR

La Navidad es más que un día al final del año,
Más que una estación de gozo
y buenas alegrías,
La Navidad es realmente el
patrón de vida de Dios
Para ser seguido todo el año,
dando sin egoísmo.

HELEN STEINER RICE

SEÑOR, quiero alabarte de todo corazón
... Porque has exaltado tu nombre y tu
palabra por sobre todas las cosas.

SALMOS 138:1-2

Hoy, acepta el regalo atesorado de Dios
llamado paz. La paz es encontrada en tu
propia manera de vivir cuando seguimos
el ejemplo de la vida de Jesús.

VJR

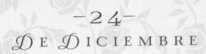

-24-
DE DICIEMBRE

Completando lo que Dios`
Nos da para hacer,
Encontramos real gozo interior
Y felicidad, también.
HELEN STEINER RICE

El que atiende a la palabra, prosperará.
¡Dichoso el que confía en el SEÑOR!
PROVERBIOS 16:20

Hoy, despierta la risa en tu
corazón y relájate un poquito
en estos agitados días.
VJR

–25–
DE DICIEMBRE

Los milagros son maravillosos
Que desafían toda explicación,
Y la Navidad es un milagro
Y no solo una celebración.
HELEN STEINER RICE

¡Alabaré al SEÑOR por su justicia!
¡Al nombre del SEÑOR
altísimo cantaré salmos!
SALMOS 7:17

Hoy, maravíllate con el significado
y la trascendencia del
milagro de la Navidad.
VJR

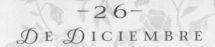

-26-
DE DICIEMBRE

Manteniendo a Cristo en la Navidad
Estamos ayudando a cumplir
Las alegres noticias de los ángeles:
«Paz en la tierra y a los hombres,
buena voluntad».
HELEN STEINER RICE

Voy a escuchar lo que Dios el SEÑOR dice:
él promete paz a su pueblo y a sus fieles,
siempre y cuando no se
vuelvan a la necedad.
SALMOS 85:8

Hoy, responde a la ira de alguien
con bondad de tu parte. La
ira promueve ira, entonces pon un
alto al ciclo. Gran fortaleza
es mostrada por aquellos que
responden con bondad.
VJR

–27–
DE DICIEMBRE

Un bebé es un regalo de vida
Nacido de la maravilla del amor
Un pedacito de eternidad,
Enviado por el Padre del cielo.
HELEN STEINER RICE

Los hijos son una herencia del SEÑOR,
los frutos del vientre son una recompensa.
SALMOS 127:3

Hoy, considera la gloria, la
maravilla y la belleza incluída
en el regalo de la vida.
VJR

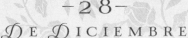

–28–

De Diciembre

No te descorazones por los problemas,
Pues las pruebas son bloques
de construcción
Que ayudan a edificar una fortaleza de fe
Seguros en las rocas eternas de Dios.
HELEN STEINER RICE

En ti, SEÑOR, me he refugiado; jamás
me dejes quedar en verguenza … Sé
tú mi roca de refugio adonde pueda yo
siempre acudir; da la orden de salvarme,
porque tú eres mi roca, mi fortaleza.
SALMOS 71:1,3

Hoy, cuando las adversidades acrecientan,
míralas como trampolines que te ayuden a
subir hacia más altos horizontes. Demuestra
coraje y fortaleza interior cuando la fatalidad
te encuentre. Ten la seguridad que Dios
está muy cerca de ti.
VJR

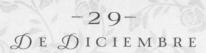

–29–
DE DICIEMBRE

En esta santa estación
Danos tranquilidad en la mente,
Enséñanos a ser pacientes
Y ayúdanos a ser bondadosos.
HELEN STEINER RICE

¡Que den gracias al SEÑOR
por su gran amor,
por sus maravillas en favor de los hombres!
SALMOS 107:31

Hoy, elimina condenación y
muestra compasión. La bondad
es apreciada ahora y en
cualquier tiempo del año.
VJR

–30–
De Diciembre

Después de la noche, la mañana,
Ordenando a toda la obscuridad que cese,
Después de las preocupaciones y penas,
El consuelo y la dulzura de la paz.
HELEN STEINER RICE

Extiende tu amor a los que te conocen,
y tu justicia a los rectos de corazón.
SALMOS 36:10

Hoy, practica estabilidad emocional
y dependencia en Dios.
Ellas son tan necesarias en la vida
como tener una habilidad.
VJR

-31-
DE DICIEMBRE

Más allá del ruido y de las risas
Que son tan vacías, crueles y ruidosas ...
¿Escuchas la voz de Dios
En la incansable multitud?
HELEN STEINER RICE

Dios es nuestro amparo y nuestra fortaleza,
nuestra ayuda segura en
momentos de angustia.
SALMOS 46:1

Hoy, observa la relación entre la
felicidad y la cooperación:
la extensión de tu felicidad está
en relación directa con el
grado de la ayuda que das a los demás.
VJR

Hoy puede ser un día para recordar.
Tú puedes lograrlo. Hoy es tuyo
para hacer con él como desees.
Puedes usarlo, deleitarte en
él, realizar tanto como
tus habilidades lo permitan, y
disfrutar hoy a plenitud.
Usa una porción de las 24
horas del día para ayudar a alguien.
Gasta una parte de los 1,440
minutos en significativa meditación.
Comparte algo de los 86,400
segundos al servicio de los demás.
Hoy pronto desaparecerá. Aprovecha
lo más que puedas de él,
porque una vez que pasa, sus
oportunidades jamás regresarán.
Si tomas tiempo de cada día para
orar, trabajar, jugar, reír,
amar profundamente y agradecer
a Dios con todo tu corazón,
siempre tendrás un día para recordar.
Virginia J. Ruehlmann

Notas

Notas

Notas

NOTAS

Notas

NOTAS

Notas

Notas

NOTAS.